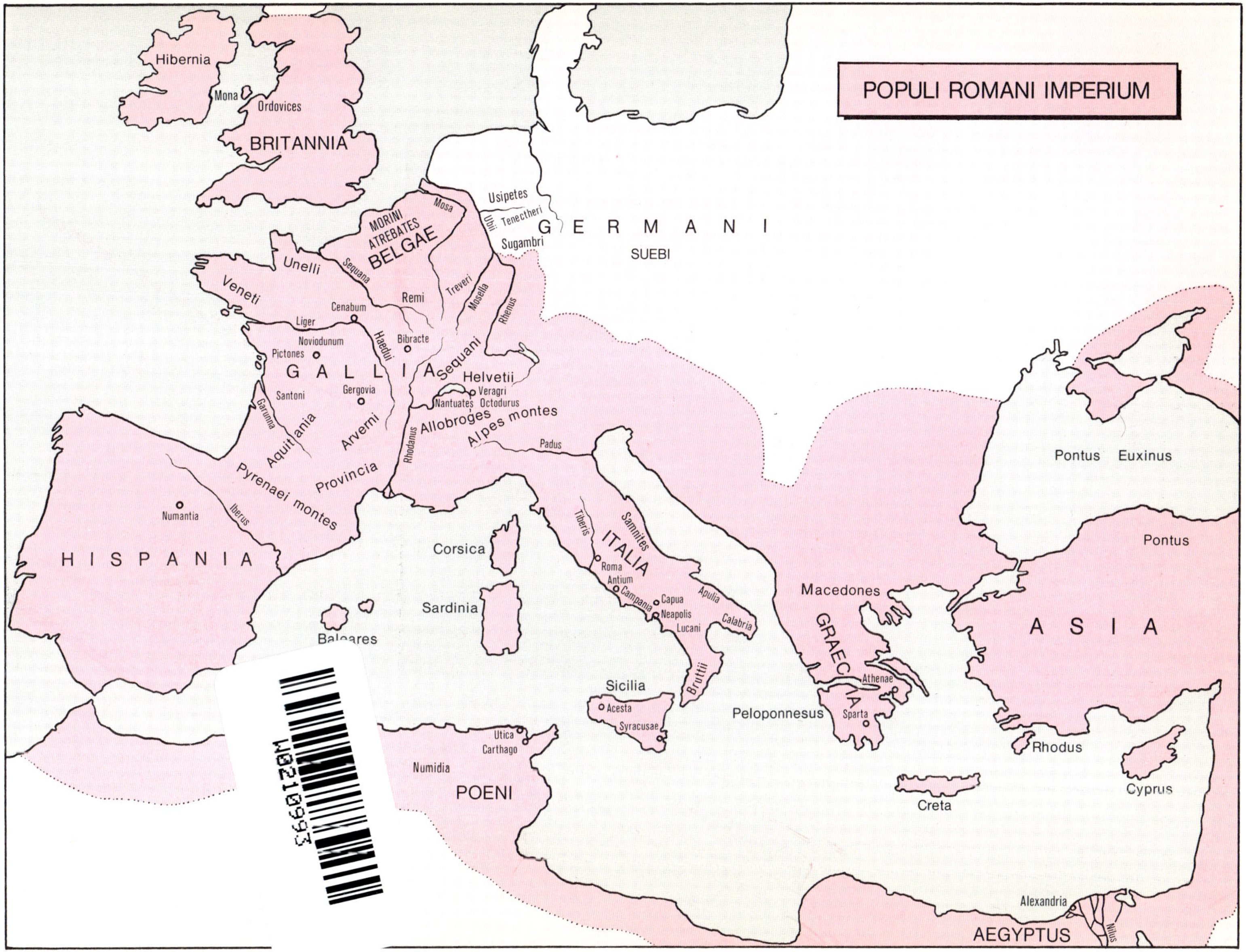
POPULI ROMANI IMPERIUM
Hibernia
Mona
Ordovices
BRITANNIA
Usipetes
Ubii
Tenectheri
Sugambri
G E R M A N I
SUEBI
MORINI
ATREBATES
BELGAE
Mosa
Unelli
Sequana
Veneti
Remi
Treveri
Mosella
Rhenus
Cenabum
Liger
Haedui
Bibracte
Noviodunum
Pictones
G A L L I A
Sequani
Helvetii
Santoni
Gergovia
Veragri
Nantuates
Octodurus
Garunna
Aquitania
Arverni
Allobroges
Alpes montes
Rhodanus
Padus
Provincia
Pyrenaei montes
Numantia
Iberus
H I S P A N I A
Corsica
Sardinia
Baleares
Tiberis
Samnites
ITALIA
Roma
Antium
Campania
Capua
Neapolis
Lucani
Apulia
Calabria
Bruttii
Sicilia
Acesta
Syracusae
Utica
Carthago
Numidia
POENI
Pontus Euxinus
Pontus
Macedones
GRAECIA
Athenae
Sparta
Peloponnesus
A S I A
Rhodus
Cyprus
Creta
Alexandria
Nilus
AEGYPTUS

LINGUA LATINA

Lateinisches Unterrichtswerk

von

Gerhard Röttger

VERLAG MORITZ DIESTERWEG

6830 Frankfurt am Main · Berlin · München

Dieses Unterrichtswerk wurde für Latein als 3. Fremdsprache konzipiert, es eignet sich aber auch als Lehrgang für Latein als 2. Fremdsprache und als Lesebuch zur Einführung in die Lektüre.

Übersicht über das Gesamtwerk:

Lingua Latina – Lese- und Übungsbuch, Grammatische Grundbegriffe
Lingua Latina – methodisch-didaktische Erläuterungen
Roma, Lehrprogramm zu Lingua Latina

Bildnachweis

Fratelli Alinari, Florenz: Seite 12, 77, 141. Anderson, Rom: Seite 81, 137. Anderson-Giraudon, Paris: Seite 67. Bildagentur Mauritius, Mittenwald: Seite 75. Deutsches Archäologisches Institut, Rom: Seite 33, 103. dpa-Bild, Frankfurt am Main: Seite 97. Glyptothek Kopenhagen: Seite 44. Hirmer-Foto, München: Seite 108, 126. Leonard von Matt, Buochs: Seite 128. Photographie Giraudon, Paris: Seite 72. Roger-Violet, Paris: Seite 29. Verkehrsamt Trier: Seite 21.

ISBN 3-425-06830-X

2. Auflage 1974

Zeichnungen: Karl Schilling, Frankfurt am Main
Satz: Georg Appl, Wemding
Druck: aprinta, Wemding
Bindearbeiten: Industriebuchbinderei Urban Meister

Inhalt

Vorwort

Dieser Lehrgang dient der unmittelbaren Einführung in die Sprache der römischen Literatur. Die eingangs aus Werken Cäsars und Ciceros excerpierten und nur geringfügig veränderten Aussagesätze bieten zunächst eine Übersicht über die lateinischen Flexionsmittel, besonders der Deklinationen. Da die Formen der dritten Person des Verbs in der römischen Literatur häufiger sind, erscheinen zunächst nur diese Formen im Imperfekt, Perfekt und Plusquamperfekt, und zwar in allen drei Genera Aktiv, Medium und Passiv. Die lateinischen Ausdrucksmittel werden entsprechenden muttersprachlichen gegenübergestellt, damit Gleichheit und Verschiedenheit bewußt werden. Es folgen dann der Gebrauch des Präsens, Beobachtungen zu den Eigenheiten des Satzbaus und der Wortstellung, zum Gebrauch des Partizips, besonders in Ablativgruppen, des Infinitivs: a. c. i. und a. c. p., die Besonderheiten des lateinischen Konjunktivs, zunächst im Imperfekt und Plusquamperfekt, und der -nd-Formen. Weitere, nun nicht mehr veränderte Abschnitte aus Cäsar und Cicero sind so ausgewählt, daß die hauptsächlichen sprachlichen Erscheinungen immanent wiederholt und vervollständigt werden (n. c. i., n. c. p., Konj. Präs. und Perfekt, Partizip Futur, Supina). Durch Ausschnitte aus Ciceros Reden bzw. Szenen mit wörtlicher Rede bei Cäsar werden die Formen der 1. und 2. Person Plural und 1. Pers. Sing. nachgetragen, die 2. Pers. Singular dann durch Abschnitte aus Vergil und Ovid exemplifiziert und die Brauchbarkeit der gesamten Einführung an Kapiteln aus Sallust, Livius und Tacitus nachgewiesen.
Systematische Vollständigkeit wird nicht angestrebt, aber es werden durch den Lehrgang die Grundlagen für eine gedeihliche Lektüre römischer Schriftwerke vermittelt, so daß er auch zur Wiederholung der grammatischen Erscheinungen und als Übergang zu originaler Lektüre dort dienen kann, wo dem Anfangsunterricht ein Übungsbuch traditioneller Prägung zugrundegelegt wurde.

Bielefeld, März 1973 Dr. Gerhard Röttger

1 POPULIROMANIIMPERIUM

Pópulus Rōmānus Itáliam incolēbat. Ibi multa óppida, multōs agrōs vīcōsque habēbat. Rōmāni et Gálliae impérium obtinēbant. Nam Gállia erat fīnítima Itáliae.

Worterklärungen

pópulus, pópuli *m*	(das) Volk	ager, agri *m*	(Weide-) Land, Landstrich, Acker
Rōmānus, a, um	römisch; (der) Römer	vīcus, vīci *m*	Gehöft, Dorf
impérium, impérii *n*	Herrschaft, Reich, Befehl, Befehlsgewalt	-que	sowie, und
incolēbat	(er, sie, es) bewohnte	habēbat	(er) hatte
ibi	dort	et	noch, auch, und
multus, multa, multum	viel, zahlreich	obtinēbant	(sie) besaßen
óppidum, óppidi *n*	Stadt	enim	nämlich, denn
		esse, est, erat	sein, (er) ist, war
		fīnítimus, a, um	angrenzend, benachbart, Nachbar

Erläuterungen

Schrift

POPULIROMANIIMPERIUM: Die Römer schrieben nur große Buchstaben; die kleinen wurden erst in spätrömischer Zeit entwickelt. Heute schreiben wir nur Namen wie *Romani – Römer* oder Ableitungen von Namen *Romanus – römisch* mit großem Anfangsbuchstaben.

Aussprache
Betonung

Vokale (Selbstlaute) wurden kurz oder lang gesprochen. Zur Einführung werden lange Vokale mit einem wagerechten Strich gekennzeichnet: Rōmānus. Betont wurde die vorletzte Silbe, wenn sie lang war. Mehrsilbige Wörter mit kurzem Vokal in der vorletzten Silbe hatten den Ton auf der drittletzten: *pópuli, impérium.*

pópuli ist Genitiv (2. Fall) zu dem Nominativ (1. Fall) *pópulus.* Dies Wort läßt durch den Ausgang -us das männliche Geschlecht, das *genus masculinum* erkennen;

Geschlecht
Kasus

impérium ist ein Neutrum, es gehört zu keinem der beiden natürlichen Geschlechter wie das deutsche Substantiv *das Reich* (vgl. *neutral*). Die einzelnen Kāsūs (*cāsus – Fall*) werden durch Lautveränderungen im Ausgang des Wortes erkennbar. Den Artikel, mit dem wir im Deutschen Geschlecht und Fälle kennzeichnen, gibt es im

Deklination

Lateinischen nicht. Die Abwandlung zu den einzelnen *Kasus* nennt man *Deklination.* Das Wort *pópulus* lautete in älterer Zeit *pópulos.* Nach dem Stammauslaut dieses Wortes rechnen wir die auf *-us* und *-um* ausgehenden Wörter zur o-Deklination, die mit a-Auslaut zur a-Deklination. Die einzelnen Kasus zeigt die folgende Tabelle:

	Singular			Plural		
Nominativ	pópulus	impérium	cṓpia	pópuli	óppida	cṓpiae
Genitiv	pópuli	impérii	cṓpiae	populōrum	oppidōrum	cōpiārum
Dativ	pópulō	impériō	cṓpiae	pópulīs	óppidīs	cṓpiīs
Akkusativ	pópulum	impérium	cṓpiam	pópulōs	óppida	cṓpiās
Ablativ	pópulō	impériō	cṓpiā	pópulīs	óppidīs	cṓpiīs

Satzglieder — *Imperfekt* — *Personalendung*

pópulus ist im ersten Satze als Nominativ der Satzgegenstand, das *Subjekt, Rōmā-* 1
nus als Adjektiv dazu ein *Attribut, Itáliam* als Akkusativ das *Objekt* zu dem abschließenden *Prädikat* incolēbat. In letzterem ist durch *-ba-* das *Imperfekt* gekennzeichnet, die Zeitform für eine unvollendete, noch andauernde Handlung oder einen Zustand. Zur Wiedergabe dieses *Tempus* (dieser Zeitform) dient im Deutschen das *Präteritum* (Vergangenheitsform): *(er, sie, es) bewohnte.* Das auslautende *-t* ist das Kennzeichen für die 3. Person *Singular* (Einzahl). Ein *Pronomen* (Fürwort) wie deutsches *er, sie es* wird meistens nicht hinzugesetzt.

-que

-que dient zur besonders engen Wort- und Satzverknüpfung. In einer Aufzählung 2
mehrerer Satzglieder setzen wir *und* vor dem letzten Gliede ein, während *-que* angehängt wird. Durch das die Aufzählung der Objekte abschließende *-que* wird auch oppida als Akkusativ deutlich.

Konjunktion

et ist eine *Konjunktion* (Bindewort) und dient zur Verbindung von Wörtern und Sätzen wie das deutsche *und,* außerdem zur Hervorhebung wie deutsches *auch.*

Genitiv — *Präposition*

Gálliae impérium könnte mit gleichen Formen im Deutschen *Galliens Herrschaft* lauten. Nach dem einleitenden Subjekt *Romani* und dem am Ende stehenden Prädikat *obtinebant* ergibt sich *imperium* als Objekt. Es herrschen also die Römer. Den lateinischen *Genitiv,* der den Wirkungsbereich des Wortes *imperium* kennzeichnet, müssen wir hier mit Hilfe eines Beziehungswortes, einer *Präposition,* wiedergeben: *Herrschaft über Gallien.* In *obtinebant* ist *-nt* das Kennzeichen für die 3. Person *Plural* (Mehrzahl): *(sie) besaßen.*

Prädikativum

Gallia erat finitima: Das Subjekt *Gallia* gehört durch das auslautende -a zur a-Dekli- 3
nation; diese Wörter haben meist weibliches Geschlecht, sie gehören zum *genus femininum.* Durch das Prädikat *erat-war* ist es dem Adjektiv *finitima – (ein) benachbart(es)* gegenübergestellt. Das auslautende -a stellt die Beziehung zum Subjekt her. Im Deutschen bleibt ein zur Aussage gehörendes *Adjektiv* unverändert; man bezeichnet es als unflektiert. Das lateinische Adjektiv ergänzt die mit *erat* gegebene Aussage. Ein solches Sinnergänzungsglied des Prädikats nennen wir *Prädikativum.*

Nomen

Die deklinierbaren lateinischen Wörter unterscheiden wir als nōmen substantīvum – *Bezeichnung, die eine Substanz darstellt,* oder nōmen adiectīvum – *hinzugefügte Bezeichnung.* Eine Unterscheidung des Substantivs durch Schreibung mit großem Anfangsbuchstaben erfolgt nicht. Die Beziehung des Adjektivs auf das Substantiv ist an den entsprechenden Kennzeichen für Kasus und Geschlecht zu erkennen.

Dativ

Italiae ergibt sich am Schluß dieses Satzes als ein *Dativ.* Man kann sich diese Beziehung klarmachen durch den Zusatz *dem Lande (Italien benachbart).*

Haédui erant amīci pópuli Rōmāni et auxílium á pópulō Rōmānō implōrā́verant. Gallōrum fortíssimi fuērunt Belgae et próximi erant Germānīs. Germāni ad utramque rīpam Rhēni agrōs, aedifícia vīcōsque habēbant. Pópuli Rōmāni impérium Rhēnus fīniēbat. Gallōrum pópuli aliquando Germānōs auxílio arcessīvērunt. Germāni in Gálliam transiērunt et agrōs et cṓpiās adamāvērunt.

Haedui, orum, *Häduer, Kelten zwischen Loire und Saône* – Galli, orum, *Gallier, Kelten* – Germani, orum, *Germanen* – Belgae, arum, *Belger* – Rhenus, i *Rhein*

Worterklärungen

amīcus, amīci *m*	freundlich, befreundet, Freund	rīpa, rīpae *f*	Ufer
auxílium, auxílii *n*	Verstärkung, Hilfe, Hilfstruppe	aedifícium, aedifícii *n*	Gebäude, Haus
ā, ab *b. Ablativ*	von ... her, von seiten	fīniēbat	er, sie, es begrenzte
implōrāverant	sie hatten angefordert, gebeten	aliquando	einst(mals), einmal
fortíssimus, a, um	am tapfersten, sehr tapfer	arcessīvērunt	sie haben herangezogen
fuērunt	(sie) sind gewesen, waren	in *b. Akk.*	in ... hinein, nach, an, auf
próximus, a, um	(der) nächste	transiērunt	sie sind hinübergegangen
ad *b. Akkusativ*	zu, an, bei, im Hinblick auf	cṓpia, cṓpiae *f*	Menge, Möglichkeit; Pl.: Truppen(verbände)
uterque, utraque, utrumque	jeder, beide	adamāvērunt	sie haben liebgewonnen

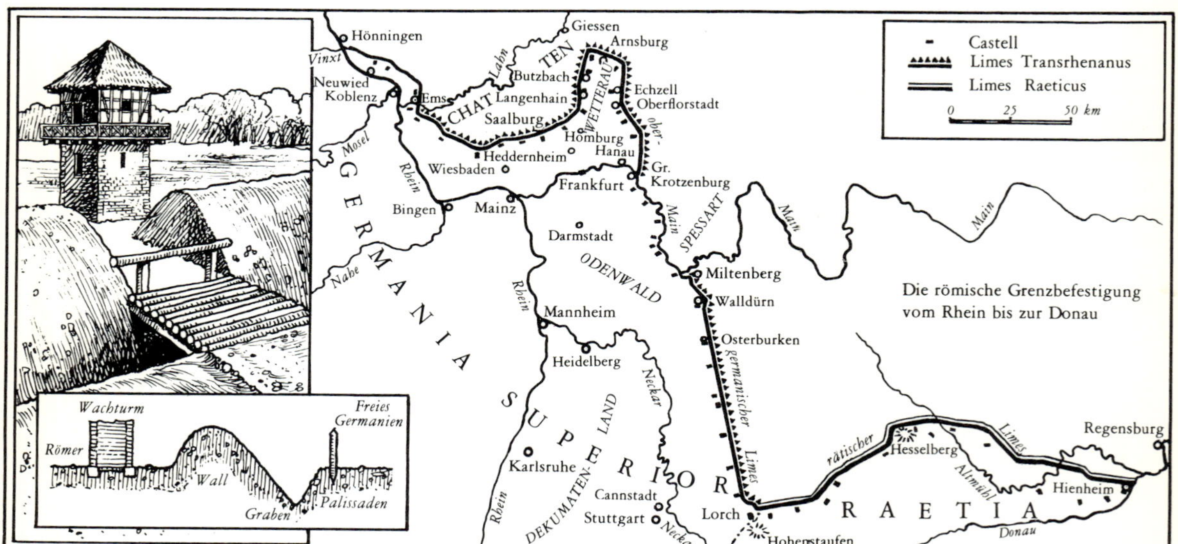

Erläuterungen

erant: der Ausgang *-nt* ist wieder das Kennzeichen für die 3. Person Plural. Im 3
Deutschen unterscheiden wir (*er*) *war* – (*sie*) *waren.*

Ablativ mit Präposition

ā oder ab ist eine Präposition. Sie tritt zu dem der lateinischen Sprache eigentüm- 4
lichen *Ablativ*. Dieser Kasus dient zum Ausdruck des Ausgangspunktes (ablātīvus bedeutet *weggetragen*).

Plusquamperfekt

implōrāverant: vor der Personalendung *-nt* ist *-v-* Kennzeichen des Perfektstammes (wie im Deutschen die Vorsilbe *ge-*), *-era-* das des *Plusquamperfekts,* das wir im Deutschen mit *hatte* (*war*) umschreiben: *sie hatten angefordert.*

Genitiv

Gallorum fortissimi – *der Gallier tapfersten*: so könnten wir den lateinischen Wort- 5
laut nachahmen. Auch hier können wir den Genitiv durch eine Präposition umschreiben: *von den Galliern ... die tapfersten.*

Perfekt

fuerunt: *-erunt* ist das Kennzeichen für die 3. Person Plural *Perfekt*. Diese Form umschreiben wir mit (*haben*) *sind*: (*sie*) *sind gewesen.* Die Bezeichnung Perfekt bedeutet *vollendet.* Der Römer kennzeichnet mit diesem Tempus die abgeschlossene, einmalige und die neu eintretende Handlung. Im Deutschen überwiegt in der Darstellung der Vergangenheit das *Präteritum.* Wir können also an Stelle von (*sie*) *sind gewesen* auch (*sie*) *waren* einsetzen.

Geschlecht

fortissimi wurde durch das folgende *fuerunt* als Nominativ Plural des Maskulinum verstanden; es bereitet als Prädikatsteil, als Prädikativum, das Subjekt *Belgae* vor. Dies ist formal ein Wort der a-Deklination, ist aber durch *fortissimi* als ein Maskulinum vorbereitet.

Genitiv

Rheni: Dieser Genitiv folgt seinem Beziehungswort ripam und kennzeichnet wie der 6
deutsche Genitiv die *Zugehörigkeit.*

Prädikat
Wortstellung
Umklammerung

habebant: durch das Kennzeichen *-ba-* und die Personalendung *-nt* ist dies Wort 7
als 3. Person Plural Imperfekt zu erkennen. Die deutsche Personalform *hatten* steht im deutschen Hauptsatz an zweiter Stelle. Das lateinische Prädikat ist nicht an eine Wortstellungsregel gebunden. Anfang und Ende einer Sinngruppe und eines Satzes erhalten den Hauptsprechton. An diesen Stellen treffen wir die sinntragenden Satzglieder. Oftmals erscheinen daher Subjekt und Prädikat an diesen Haupttonstellen des lateinischen Satzes und umklammern die Gesamtaussage.

Satzgliedbeziehungen

imperium Rhenus: von diesen beiden Worten ist *Rhenus* eindeutig ein Nominativ und damit Subjekt des Satzes, *imperium* dagegen das Objekt zu dem Prädikat *finiebat.* Auch den deutschen Übersetzungssatz muß nicht das Subjekt einleiten.

Aussprache

aliquándo: Dies Wort hat den Ton auf der vorletzten Silbe; ein Vokal konnte auch 8
dann als lang gelten, wenn zwei Konsonanten (hier *-nd-*) folgten.

Dativ

auxílio: Nach der Deklinationstabelle könnte dies Wort ein Dativ oder ein Ablativ sein. Die einzelnen Sinnbeziehungen ergeben sich vorrangig durch das jeweilige Prädikat, hier *arcessiverunt.* Zu diesem gibt der lateinische Dativ das Ziel oder den Zweck an. Im Deutschen benötigen wir zum Ausdruck dieser Beziehung die Präposition *zu.*

Akkusativ als Richtungsangabe

in Galliam: Wie im Deutschen wird mit der Präposition *in* und folgendem Akkusa- 9
tiv auch im Lateinischen eine Richtungsangabe gebildet: *in* (*das Land*) *Gallien hinein: nach Gallien.*

2

Haédui erant sócii pópuli Rōmāni atque amīcítiā pópuli Rōmāni plūrimum in Gálliā póterant. Nam prīmi auxílium Rōmānōrum rogāvērunt. Sīc pópuli Rōmāni iūstíssimum erat in Galliā impérium. Séquani autem, Haeduōrum finítimi, ā Germānīs auxílium petīvērunt. Tum Ariovístus, rēx Germānōrum, agrōs Sequanōrum occupābat et in Galliā consīdēbat. Itaque Caesar bellum cum Germānīs gérere constítuit bellumque confēcit.

Séquani, orum, *Kelten zwischen Saône und Jura* – Ariovistus, i, *Fürst der germanischen Sueben* – C. (Gaius) Julius Caesar, *Konsul im Jahre 59*

Worterklärungen

socius, socii *m*[1]	Begleiter, Gefährte, Verbündeter
atque *(aus ad + -que)*	und dazu, und
amīcítia, ae *f*	Freundschaft
plūrimum	das meiste, sehr viel
in *b. Abl.*	innerhalb, in, an, auf
póterant	sie waren imstande, konnten
nam	denn, nämlich
prīmus, a, um	erster, frühester
rogāvērunt	sie haben verlangt, angefordert, beantragt
sīc	(gerade) so, auf diese Weise
iūstíssimus, a, um[2]	sehr, äußerst gerecht, berechtigt, gerechtfertigt
autem	andererseits, aber
petīvērunt	sie haben angestrebt, verlangt
tum	da, dann, damals, darauf
rex	Lenker, König
occupābat	er besetzte, nahm in Besitz
consīdēbat	er ließ sich nieder, setzte sich fest
ítaque	und so, daher
bellum, i *n*	Krieg
cum *b. Abl.*	mit . . . zusammen, gemeinsam mit
gérere, gerit, gessit, gestum	an sich tragen, vollbringen, leisten
bellum gérere	Krieg führen
constitúere, constítuit, constitūtum	festsetzen, bestimmen, sich entschließen, vereinbaren
confícere, cónficit, confēcit, confectum	erledigen, beenden, erschöpfen

Cäsar

[1] gesprochen ßókius
[2] gesprochen: iustiß-ßimus

Erläuterungen

Sinnbeziehungen

socii populi Romani: Diese Worte haben den gleichen Ausgang. Allerdings ist 1 *socii* durch die vorhergehenden Worte als Nominativ Plural vorbereitet. Das römische Volk existiert nur als Einzahl, daher kann *populi Romani* wie in der Überschrift (und $1_{4,7}$[1]) nur als Genitiv Singular verstanden werden. Die grammatische Form wird also durch die *Sinnbeziehungen* innerhalb des Zusammenhangs eindeutig. Man kann vergleichen, daß wir den deutschen Artikel *der* zum Nominativ Singular und zum Genitiv Plural setzen (*der Mann, der Mannen/Männer*), *die* sogar zum Nominativ und Akkusativ Plural aller Geschlechter und zu den Singularformen des weiblichen Geschlechts (*die Frau, die Frauen, die Männer, die Völker*).

Ablativ ohne Präposition

amicitiā: Das auslautende -ā ist durch das Längungszeichen als *Ablativ* erkennbar. Dieser im Deutschen nicht vorhandene Kasus dient zum Ausdruck von *Umstandsergänzungen* des Ortes, der Zeit und der Art und Weise. Wir umschreiben diesen Kasus durch Präpositionen, die je nach Art der Ergänzung verschieden sind, zunächst mit *von . . . her*; den Ausdruck *von der Freundschaft her* können wir umformen zu *durch die Freundschaft / auf Grund der Freundschaft.*

Ablativ als Ortsangabe

in Gallia: In dieser Verbindung zeigt der Ablativ die *Ortsangabe* an. Wir verwen- 2 den in diesem Sinne *in* mit dem Dativ: *in* (*dem Lande*) *Gallien.* Orts- und Richtungsangabe (vgl. *in Galliam*) sind also in beiden Sprachen ähnlich unterschieden.

Personalendung

poterant ist ein zweites Prädikat zu dem einleitenden Subjekt *Haedui*. Im Deutschen nehmen wir das Subjekt auch durch ein Personalpronomen (*sie*) wieder auf, der Römer kennzeichnete es nur mit der *Personalendung -nt.*

Prädikativum

rogaverunt bietet eine weitere Aussage; dazu ist *primi* nicht Subjekt, sondern Prä- 3 dikativum. Wir knüpfen dies an durch *als* (*erste*). Im Lateinischen sind Subjekt, Attribut und prädikative Zusätze der Form nach nicht unterschieden.

Apposition

finitimi: durch die Interpunktion lassen wir dies Wort als *Apposition* zu dem vor- 4 angehenden *Sequani* erkennbar werden (als Attribut/Beifügung im gleichen Kasus). Diese Apposition wird durch den Genitiv *Haeduorum* näher bestimmt. Dadurch erhält das *nomen* (*adiectivum*): *finitimi* die Rolle eines *nomen substantivum,* eines Substantivs (*Nachbarn*), während die feminine Form *finitima* Attribut bzw. Prädikativum zu *Gallia* war und durch *benachbart* wiedergegeben wurde.

Perfektbildung

constituit, confecit: In diesen Formen ist *-t* wieder die Personalendung der 3. Pers. 7 Sing., das *-i-* davor erscheint als Stammerweiterung im Präsens der konsonantischen Konjugation und im Perfekt; *constituit* kann zugleich Präsens- und Perfektform sein; *confecit* ist ein durch Ablaut des Stammvokals gebildetes Perfekt, während bei anderen Verben vor der Perfektendung oft ein *-v-* (ursprüngliches Schriftzeichen für *-v-* und *-u-*) auftritt (vgl. *machen – gemacht : beschließen – beschlossen*). Während der Römer aus *Ariovistus occupabat* eine noch unvollendete, noch nicht abgeschlossene Handlung herauslas, erkannte er sie in *Caesar confecit* als vollendet und abgeschlossen. Beim Imperfekt könnte man ein Modalverb (Hilfsverb) hinzufügen: *er wollte / bemühte sich / versuchte zu besetzen.*

Perfekt/Imperfekt
Modalverb

[1] Die Abkürzungen verweisen auf die Erläuterungen zu den einzelnen Texten. Die groß gedruckte Ziffer kennzeichnet den Text, die kleine die Zeile. Meist ist auch das jeweilige Stichwort hinzugefügt.

3

Suēbōrum pópulus erat máximus Germānōrum. Ténctheri Suēbōrum fīnítimi erant. Aliquando ā Suēbīs agrīs expulsi sunt. Itaque ex aedifíciīs dēmigrāre et in Gálliam transīre parābant. Nam Galli Ténctherōs invītā́verant. Iam Tenctherōrum cṓpiae loca Gálliae fertilíssima occupābant. Sed Rōmāni Ténctherōs reppulērunt. Proélium est factum magnusque númerus Germānōrum interfectus est.

Suēbi, orum, *Sueben in Mittelgermanien* – Tenctheri, *Germanen zwischen Ruhr und Sieg*

Worterklärungen

maximus, a, um	größter, sehr groß	loca, locōrum *n*	Landstriche, Gelände
expéllere, expéllit, éxpulit, expulsum	austreiben, vertreiben	fertilissimus, a, um	fruchtbarst, äußerst fruchtbar
sunt	sie sind	sed	sondern, aber
ex, ē b. Abl.	aus (... heraus), von (... aus/an), seit	repéllere, repellit, réppulit, repulsum	zurück-, vertreiben, zurückschlagen
dēmigrāre	weggehen, auswandern	proelium, proelii *n*	Gefecht, Schlacht
		est	er, sie, es ist
transīre, -it, -iit, -itum	hinübergehen, überschreiten, überqueren	fácere, facit, fēcit, factum	machen, tun
parāre, -at, -āvit, -ātum	vorbereiten, sich anschicken, beschaffen	magnus, a, um	groß
		númerus, i *m*	Zahl, Anzahl
invītāre	einladen	interfícere, interficit, interfēcit, interfectum	(dazwischen nehmen), töten, ermorden
iam	da, schon, bereits	terra, terrae *f*	Land

Erläuterungen

2 expulsi ist durch das folgende *sunt* - (*sie*) *sind* als Nom. Plur. bestimmt. Das -s- ist in beiden Worten stimmlos zu sprechen (wie -ß-). Beide Worte beziehen sich auf das Subjekt *Tenctheri* und bilden das Prädikat: *expulsus* ist ein Partizip Perfekt. Mit diesem wird in Verbindung mit einer Form von *esse – sein* wie im Deutschen das Perfekt Passiv gebildet: (*sie*) *sind vertrieben*, oft fügen wir noch *worden* hinzu.

Perfekt Passiv

Ablativ

agris ergibt sich in Beziehung auf *ex* in *expulsi* als Ablativ; als Übersetzung des Ablativs ergibt sich in dieser Verbindung *aus* (*ihrem Lande*) oder *von* (*ihren Feldern*). Das deutsche *Land* würde als Kollektivbegriff mit dem Plural *Felder* gleichgesetzt werden können. Das Possessivpronomen *ihr* fügen wir im Deutschen gern hinzu. Im Lateinischen erscheint es nur, wo es zur Unterscheidung erforderlich ist.

Kollektiver Singular

3 demigrare, transire: in beiden Formen kennzeichnet der Ausgang *-re* den *Infinitiv Präsens*, die Grundform des Verbs in der Gegenwart. *Infinitiv* bedeutet *unbestimmt*: die handelnde Person bleibt unbestimmt zum Unterschied von den Personalformen. Je nach dem Vokal, der der Infinitivendung *-re* vorausgeht, unterscheiden wir a-, e-, i- und konsonantische *Konjugation*: demigrāre, habēre, transīre, incólere (bei diesem Worte ist der mit Konsonant *-l-* auslautende Stamm durch ein kurzes und unbetontes *-e-* erweitert). Zum deutschen Infinitiv tritt oft ein *zu* hinzu: *bereiteten sich vor auszuwandern / wollten auswandern.*

Infinitiv

Konjugation

Die Verben sind jeweils angeführt mit dem Infinitiv Präsens, 3. Pers. Sing. Präs. und Perf. sowie dem Neutr. Sing. des Partiz. Perf.

Umklammerung

loca Galliae fertilissima: die zusammengehörigen Worte *loca fertilissima* umklammern das Genitivattribut *Galliae*. Durch die *Umklammerung* bekommen die umklammernden Worte einen stärkeren Sprechton, die umklammerten werden als diesen zugehörig erkennbar. Statt *die fruchtbarsten Landstriche Galliens* könnten wir gleichfalls eine Umklammerung bilden: *die in Gallien fruchtbarsten Landstriche*. 5

est factum : interfectus est: Auch bei diesen Formen besteht keine Bindung hinsichtlich der Wortstellung. 6

Hinweise

Hinweise: Hier wird auf Einzelheiten der *Erläuterungen* zu vorhergehenden Textstellen hingewiesen. Diese Hinweise bieten zugleich die Möglichkeit zu Wiederholungen.

Sueborum: Welche Wirkung erzielt der Autor durch die Voranstellung dieses Wortes (vgl. E 1_7 *habebant*)? Zu vergleichen sind 1_5 *Gallorum*, 2_2 *Romanorum*, 2_6 *Sequanorum*. 3 1

maximus: Bestimme dies Wort als Satzglied (vgl. 1_3 *finitima*)!

Sueborum: worauf ist dieses Wort zu beziehen (vgl. 1_8 *Gallorum*)? 2

finitimi: Welche Wortart ist an diesem Worte zu erkennen (vgl. E 2_4. 1_3).

Galli: Welche Kasus könnte man in dieser Form erkennen? Durch welche Beziehung ist der Kasus genau bestimmt (vgl. 2_1 *socii*). 4

invitaverant: Nach welchem Worte in 1_4 läßt sich diese Form bestimmen?

Tenctheros: Welcher Kasus ist zu erkennen? Welches Satzglied?

copiae: Welche Kasus könnte man erkennen? Durch welche Beziehung wird der Kasus bestimmt? (vgl. $1_{1.5.}$). 5

loca: Bestimme das Satzglied (vgl. 1_1)!

habebat: Welche Form ist an diesem Worte zu erkennen? Die deutsche Form verlangt ein Objekt: in welchem Wort ist dies nach der Formentabelle zu erkennen? Wo ist das Subjekt, und wie drückt man es deutsch aus (vgl. zu *incolebat*). 1 2

Romani: Welchen Kasus könnte man in diesem Worte erkennen? (vgl. die Tabelle). Durch welche Beziehung ist der Kasus genau bestimmt?

amici populi Romani: alle drei Worte haben den gleichen Ausgang, aber wodurch ist *amici* von vornherein bestimmt, und warum kann dieser Kasus für die beiden anderen Worte nicht zutreffen? 3

imploraverant: Welches Wort ist Subjekt dazu, und wie drückt man dies im Deutschen aus? (vgl. zu *incolebat*). 4

erant: Zu welchem Worte ist dies Wort das Prädikat? Durch welches Element der Wiedergabe drücken wir dies aus? (vgl. zu *incolebat, obtinebant*). 5

proximi: Bestimme Kasus und Satzglied (vgl. *fortissimi*).

populi: Welche Kasus kann dies Wort anzeigen? Durch welche Beziehung ist der Kasus bestimmt? 7

9 transierunt, adamaverunt: Welche Form ist zu erkennen (vgl. Z. 5)? Welche Gleichheit und welcher Unterschied besteht? (vgl. 2_7)

2 1 amicitiā populi Romani: bilde verschiedene Übersetzungen!

3 rogaverunt: Bestimme die Form; bilde zwei Übersetzungen, mit *anfordern* und *bitten*!

Sic populi Romani: worauf bezieht sich dieser Genitiv?

iustissimum: Welches Satzglied stellt dies Wort dar? (vgl. zu *finitima*). Das doppelte -s-s- ist deutlich zu sprechen: *iustís-simum*!

5 petiverunt: Bestimme die Form und übersetze mit *verlangen* und *bitten*!

rex: Bestimme dies Wort als Satzglied! (Vgl. zu *finitimi* Z. 4).

7 Germanis: Wodurch ist der Kasus dieses Wortes bestimmt (vgl. zu 1_3 *Italiae*)?

confecit: Welches Wort ist das Subjekt dazu?

Germanen am Römerlager (Ausschnitt v. d. Trajansäule in Rom) vgl. S. 141

Gaius Julius Cäsar, Portrait auf Silberdenar

Übungen
zu 1–3

1. Bestimme die Formen: *reppulerunt, est factum, interfectus est*!

2. Bilde den Plural zu: populus incolebat. terra erat finitima. populus erat maximus. (Ariovistus) Germanus agros occupabat. (Caesar) Romanus bellum gerere constituit. magnus numerus interfectus est (Ersetze *magnus numerus* durch den Plural von *multus*!). proelium est factum.

3. Bilde den Singular: Romani oppida, agros vicosque habebant. amici (auxilium) imploraverunt. fortissimi fuerunt Belgae. Germani agros, aedificia vicosque habebant. Galli Germanos arcessiverunt. Germani (Rhenum) transierunt et agros et copias adamaverunt. Haedui erant socii. (Tenctheri) Germani agris expulsi sunt. Germani loca fertilissima occupabant.

4. Übersetze: *socii populi Romani; amicitia populi Romani* (zwei Möglichkeiten); *populus maximus*; *loca fertilissima*; *Haedui primi auxilium rogaverunt*; *imperium erat iustissimum.*

Ein Adjektiv kann als Attribut und als Prädikativum gebraucht werden. Als Glied der Aussage bleibt das deutsche Adjektiv unflektiert.

5. Ordne die Verbformen dieses Textes nach Imperfekt, Perfekt, Plusquamperfekt sowie nach Singular und Plural. Bilde von jedem Verb die drei Tempora Imperfekt, Perfekt, Plusquamperfekt und den Infinitiv Präsens!

4 Ein Gefecht im Land der Treverer

Trḗveri magnīs coactīs peditātūs equitātūsque cṓpiis in Labiēnum lēgātum ímpetum fácere parābant. Germānōrum núntii spem auxiliōrum áuxerant et Trḗveri auxília Germānōrum exspectābant. Labiēnus autem Trēverōrum consílium cognōvit et castra mīlle pássuum spátiō commūnīvit. Pósterō diē metum simulāvit et magnō tumultū castra mōvit. Iam Trēveri praedam spērābant neque Germānōrum adventum exspectāvērunt neque inīquō locō proélium commíttere dubitāvērunt. At Labiēnus impedīménta in túmulō quōdam conlocāvit aciemque instítuit. Trēveri nē prīmum quidem ímpetum ferre potuērunt et in fugam coniecti sunt.

Treveri, *Germanen an der Mosel; ihre Hauptstadt wurde Augusta Treverorum: Trier* – Labienus, *ranghöchster Offizier Caesars*

Worterklärungen

cṓgere, cōgit, coēgit, coactum	zusammentreiben, -ziehen, zwingen
peditātus, peditātūs *m*	Truppe zu Fuß, Fußtruppe(n)
equitātus, ūs *m*	Truppe zu Pferde, Reiterei
lēgātus, i *m*	Beauftragter, Gesandter, höh. Offizier
ímpetus, ímpetūs *m*	Angriff
núntius, i *m*	Melder, Bote, Nachricht
spēs, spei *f*	Hoffnung, Aussicht
augēre, auget, auxit, auctum	vermehren, vergrößern, stärken
exspectāre	ausschauen nach, warten auf, erwarten, abwarten
consílium, consílii *n* (gesprochen: kɔ:nßílium)	Rat, Plan, Planung, Absicht, Versammlung
cognṓscere, cognōscit, cognōvit, cógnitum	erkennen, kennenlernen, durchschauen
castra, castrōrum *n*	Unterkünfte, Lager
mīlle	tausend
passus, ūs *m*	Schritt (als Maß: 1,5 m)
spátium, spatii *n*	Abstand, Zwischenraum/-zeit, Entfernung
commūnīre, commūnit, commūnīvit, commūnītum	(insgesamt) befestigen
pósterus, a, um	nachherig, später, folgend
diēs, diēi *m/f*	Tag (Aussprache des Genitivs dreisilbig: di-e-i)
métus, métūs *m*	Besorgnis, Angst
simulāre	nachmachen, vortäuschen
tumultus, tumultūs *m*	Lärm, Unruhe, Gedränge
movēre, movet, mōvit, mōtum	bewegen
castra movēre	Lager verlegen, vorrücken
praeda, ae *f*	Beute
spērāre	hoffen, erhoffen
neque	und nicht, auch nicht
adventus, advéntūs *m*	Ankunft, Anrücken, Eingreifen
inīquus, inīqua, um	ungleich, uneben, ungünstig
locus, loci *m*	Ort, Stelle, Platz
commíttere, -mittit, -mīsit, commissum	zusammenlassen, überlassen, beginnen, anvertrauen
proelium committere	Kampf beginnen, sich auf einen Kampf einlassen

dubitāre	bedenken, zögern, zweifeln	institúere, instítuit, institūtum	einrichten, anordnen, unterweisen, beginnen
at	aber	nē ... quidem	nicht einmal, auch nicht
impedimenta, ōrum *n*	Hindernisse, Troß	ferre, fert, tulit, lātum	tragen, bringen, ertragen
túmulus, i *m*	Anhöhe, Höhe, Berg	posse, potest, potuit	imstande sein, können, möglich sein
quīdam	einer (Pl. einige)	fuga, fugae *f*	Flucht
conlocāre	Platz anweisen, hinstellen, (an)ordnen, einquartieren	conícere, conicit, -iēcit, coniectum	(gemeinsam) werfen (Aussprache: conjicere)
áciēs, aciēi *f*	Schneide, Kampflinie, Front		

Erläuterungen

Ablativ: Begleitumstand

magnis ... copiis – *mit starken Verbänden*: Die Vielfalt der im Ablativ ausgedrückten Umstandsergänzungen drücken den Ausgangspunkt, Ort, und besonders die Vielfalt der Begleitumstände aus. Die umklammerten Worte sind Genitive von Wörtern der *u-Deklination*. Anstelle des deutschen Genitivs kommt wieder die Anwendung einer Präposition in Fragen: *Mengen an ...* 1

u- und e-Deklination

spem ist ein Akkusativ der *e-Deklination*. Die Formen zeigt die folgende Tabelle:

	Singular	Plural	Singular	Plural
Nominativ	passus	pássūs	rēs (Sache)	rēs
Genitiv	pássūs	pássuum	rei[1]	rērum
Dativ	passui	pássibus	rei	rēbus
Akkusativ	passum	pássūs	rem	rēs
Ablativ	passū	pássibus	rē	rēbus

[1] *re-i* ist in zwei Silben zu sprechen.

Genitiv

spem auxiliorum: bei den Genitiven dieses Abschnitts ist wiederholt je nach Bezeichnung der Auswirkung oder Zugehörigkeit (vgl. zu $1_{2.6}$) an den Gebrauch deutscher Präpositionen zu denken. Präpositionen sind im Laufe der Jahrhunderte in den westlichen Sprachen häufiger geworden; das Englische hat fast keine Kasuskennzeichen mehr. 3

auxilia Germanorum: die verschiedenen deutschen Worte für das lateinische *auxilium* ergeben verschiedene Übersetzungsmöglichkeiten.

mille ist als Zahlwort nicht deklinierbar. 5

Zeitangabe

póstero diē: Die Adjektive der o/a-Deklination treten auch zu den Wörtern anderer Deklinationen in Beziehung. Durch *diē* (zweisilbig: *di-ē*) wird der Kasus von *postero* mitbestimmt: Diese beiden Worte im Ablativ drücken eine *Zeitangabe* aus: *am folgenden Tage.*

Indefinitpronomen

in tumulo quodam: Das *Indefinitpronomen* (unbestimmtes Pronomen) *quidam* entspricht dem deutschen unbestimmten Artikel *ein.* 9

ne ... quidem: das umklammerte Wort wird durch diese Partikeln besonders hervorgehoben. 10

Hinweise

4 3 nuntii: worauf bezieht sich dies Wort, und welches Satzglied ist es? Vgl. 2_1 socii.

5 cognovit: an welchem Element ist das Tempus zu erkennen (vgl. zu 2_7 *constituit*).
spatio: Bestimme Form und Beziehung, danach die Übersetzung (vgl. 2_1 4_1).

6 magno tumultu: Bestimme den Kasus! Wozu dient dieser Kasus allgemein? Welche Bestimmung enthalten diese Worte, und wie drücken wir sie aus?
castra: Bestimme die Kasusmöglichkeiten (vgl. Tabelle *oppida*). Welche Beziehung ist gegeben?

7 sperabant: bilde zwei Übersetzungen mit den Wörtern des Vokabulars!
neque . . . neque: Überlege die deutsche Satzverbindung!

8 iniquo loco: Bestimme die Kasusmöglichkeiten! Welchen Sinn können diese beiden Worte nur haben? Welcher Kasus und welche Übersetzung ergibt sich demnach? (vgl. 2_1).

9 impedimenta: durch welche Beziehung ergibt sich der Kasus? (vgl. 3_5 *loca*).

11 coniecti sunt: Welcher Kasus ist in *coniecti* zu erkennen, und worauf beziehen sich diese Worte? Welches Satzglied bilden sie? (vgl. 3_2 *expulsi*).

Übungen

1. Bilde den Singular zu *magnis coactis copiis*!
2. Bilde zu den Verbformen die anderen Zeitformen, verändere Singular und Plural!
3. Erläutere den Tempusunterschied: Z. 4 *exspectabant – 5 communivit; 7 sperabant – exspectaverunt.*
4. Ordne die Ablative *magnis coactis copiis, spatio, postero die, magno tumultu, iniquo loco, in tumulo quodam* als Umstandsergänzungen des Ortes, der Zeit bzw. der Art und Weise ein!
5. Vergleiche die Übersetzungen der Genitive: *magnis equitatus copiis, Germanorum nuntii, spem auxiliorum, Treverorum consilium, castra mille passuum spatio, Germanorum adventum!*

Porta Nigra, Trier (Augusta Treverorum)

5 RES PUBLICA ROMANA

pátria erat multārum familiārum, multōrum populōrum, géntium, nātiōnum. Viri semper glṓriā flōrēre et laudem cápere studēbant. A princípibus ad viam et laudis et dignitatis et honōris excitābantur et ad māiōrum imitātiōnem. Contenti nōn erant, nisi ā bonīs virīs sapiéntibus laudābantur et dīligēbantur. Rēgum potestātem nōn ferēbant, sed magistrātūs ánnui creābantur et quasi consílium rei públicae praepōnēbantur; dēligēbantur in id consílium ab ūniversō pópulō aditúsque in illum summum órdinem ómnium cīvium indústriae ac virtūti patēbat.

Worterklärungen

rēs pública	öffentliche Sache, Gemeinwesen, Allgemeinheit, Staat
patria, ae *f*	Vaterland
família, ae *f*	Hausgenossenschaft, Gesinde, Familie
gens, gentis *f*	Geschlecht, Volksstamm, Völkerschaft
nātio, nātiōnis *f*	Geburt, Volksstamm
vir, viri *m*	Mann
semper	(in einem fort), immer
glṓria, glōriae *f*	Ruhm, Ehre
flōrēre, -ret, -ruit	blühen, glänzen
laus, laudis *f*	Lob, Anerkennung
cápere, capit, cēpit, captum	fassen, fangen, nehmen
studēre, studet, studuit	sich widmen, sich bemühen
princeps, príncipis *m*	führend(er Mann), Fürst, Oberhaupt
via, viae *f*	Weg, Straße
et ... et	... und auch, sowohl ... als auch, einerseits – andererseits
dígnitās, dignitātis *f*	Würde, Ehre, Stellung, Ansehen
hónōs, honōris *m*	Ehre, Amt, Stellung
excitāre	antreiben, anregen, ermutigen
maiōrēs, māiōrum *m*	Vorfahren, Ahnen
imitátio, imitātiōnis *f*	Nachahmung, Nacheifern
contentus, a, um	sich begnügend, zufrieden
nōn	nicht
nisi	wenn nicht
bonus, a, um	gut, anständig, begütert, konservativ
sápiens, sapientis	(Geschmack habend) klug, erfahren
laudāre	loben, Anerkennung aussprechen
dīlígere, dīligit, dīlexit, dilectum	auswählen, hochachten
rēx, rēgis *m*	König
potestās, potestātis *f*	Möglichkeit, Macht, Befehlsgewalt
magistrātus, -ūs *m*	Oberer, Beamter, Regierender, Amt
ánnuus, a, um	ein Jahr dauernd, jährlich wechselnd
creāre	schaffen, wählen
quasi	wie wenn, gleichsam, gewissermaßen
praepōnere, -pōnit, -pósuit, -pósitum	voran-, an die Spitze stellen
dēlígere, -ligit, -lēgit, -lectum	auswählen
is, ea, id	der, die, das(jenige), er, sie, es
ūniversus, a, um	(einem zugewandt), allgemein, ganz
áditus, áditūs *m*	Zugang
ille, illa, illud	jener (da)
summus, a, um	oberster, höchster
ordo, órdinis *m*	Reihe, Ordnung, Rang, Stand

omnis, omne	ganz, jeder, all	ac (verkürztes atque)	und
cīvis, cīvis, *m*	Bürger	virtūs, virtūtis *f*	Mannesart, Tüchtigkeit
indústria, ae *f*	Betriebsamkeit, Charakter, Einsatzbereitschaft, Energie	patēre, patet, pátuit	geöffnet sein, offenstehen

Erläuterungen

konson. und i-Deklination

gentium, nationum: diese Genitive sind von Wörtern der *i-* und der *konsonantischen Deklination* gebildet. Die Kasus zeigt folgende Tabelle: 2

	konsonantische		i-Deklination	
	Singular	Plural	Singular	Plural
Nominativ	nấtio	nātiōnēs	gens[1]	gentēs
Genitiv	nātiōnis	nātiōnum	gentis	géntium
Dativ	nātiōni	nātiṓnibus	genti	géntibus
Akkusativ	nātiōnem	nātiōnēs	gentem	gentēs (gentīs)
Ablativ	nātiōne	nātiṓnibus	gente	géntibus

[1] Aussprache: gä:ns, gäntis

In der Aneinanderreihung der Genitive erhält jedes Wort durch eine dazwischenliegende Sprechpause ihr eigenes Gewicht.

Aufzählung

et . . . et: in einer deutschen Aufzählung bliebe das erste *et* unübersetzt. Der Römer 3 beabsichtigt bei mit *et* aneinandergereihten Gliedern eine stärkere Hervorhebung der Mehrzahl; man kann diese Absicht nachahmen durch *und auch* beim letzten Gliede.

Passiv

Medium

excitabantur: die Formelemente *-ba-nt-* sind als Kennzeichen für die 3. Pers. Plur. 4 Imperfekt bereits bekannt; durch *-ur* kennzeichnet der Römer das *Passiv* und eine ältere Ausdrucksform, die wir als *Medium* (Mittelding) bezeichnen: durch *a principibus* ist ausgedrückt, von wem der *Vorgang* ausgeht. Im Deutschen drücken wir den Vorgang aus mit der Form *sie wurden angespornt.* Die ältere Ausdrucksform drückt nicht so sehr den Vorgang, sondern ein *Verhalten* aus wie die deutsche Wendung: *sie ließen sich anspornen.* Die Formen des Passivs bilden wir mit dem Hilfsverb *werden.*

Umklammerung

ad maiorum imitationem: Präposition und dadurch bedingter Akkusativ umklammern den Genitiv.

Nomen

Von allen *Nomina* (Substantiven) muß man sich *Nominativ, Genitiv* und *Genus* (Geschlecht) genau einprägen.

Neutrum Plural

Danach ergeben sich die einzelnen Kasus der verschiedenen Deklinationen und außerdem die einzelnen Sinnbeziehungen zu anderen Satzgliedern. Dasselbe gilt für die *drei Geschlechter der Adjektive.* In der i-Deklination haben diese wie *omnis* eine Form für masculinum und femininum; dazu ist *omne* die Form des Neutrum im Nominativ und Akkusativ Singular. In den anderen Kasus lauten die Formen aller drei Geschlechter gleich. Nominativ und Akkusativ Plural des Neutrum haben den Ausgang *-a* (vgl. 1_1 *oppida, omnia*).

a bonis viris sapientibus: gelegentlich können wie im Deutschen auch zwei Adjek- 5 tive zu einem Substantiv treten. Als *bonus* galt, wer sich dem Staat gegenüber *gut* verhielt, also eine konservative Haltung bewies.

Senātum rei publicae custōdem, pra̍esidem, prōpugnātōrem conlocāvērunt. Senātus nōn modo summi órdinis splendōrem confirmābat, sed etiam plēbis lībertātem augēbat.

Worterklärungen

senātus, senātūs *m*	Ältestenrat, Senat	confirmāre	bestärken, versichern, Zusicherung geben
custōs, custōdis *m*	Wächter, Wache		
praeses, pra̍esidis *m*	Vorsitzender		
propugnātor, ōris *m*	Vorkämpfer	plēbs, plēbis *f*	Volksmasse, (niederes) Volk
nōn modo – sed etiam	nicht nur – sondern auch	libertās, libertātis *f*	Freiheit(ssinn)
splendor, ōris *m*	Glanz		

Erläuterungen
Prädikativum

10 senatum custodem conlocaverunt: *den Senat, den Wächter, haben sie eingesetzt.* Mit dieser Wiedergabe wäre *custodem* als Apposition aufgefaßt. Die Art- oder Berufsbezeichnung ist jedoch als Teil der Aussage zu verstehen und mit *als* anzuknüpfen. Diesen Sinn bewirkte der Römer durch eine deutliche Atempause hinter dem einleitenden Worte *senatum.* Wir bezeichnen das zur Aussage gehörende Nomen (vgl. 1_3) als Prädikativum.

Hinweise

2 viri: Bestimme Kasus und Beziehung! Diesen Hinweis kürzen wir im folgenden ab durch „*K + B*" (vgl. 2_1 *socii*).
gloriā: *K + B* (vgl. 2_1 *amicitiā*).
laudis: *K + B*. Welche Präposition wäre hier sinnvoll? (vgl. zu 4_3 *spem*).
4 contenti: *K + B* (vgl. 3_2 *finitimi*).
6 regum potestatem: *K + B* vgl. zu Z. 4 und 1_7 *habebant.*
ferebant: welches deutsche Modalverb (Hilfsverb) könnten wir hinzufügen? (Vgl. zu 2_6 occupabat).
7 consilium: Bestimme Kasus und Satzglied (vgl. 2_2 *primi*)!
praeponebantur: vgl. Z. 4 *excitabantur.*
8 in: Welche Worte sind durch diese Präposition bestimmt (vgl. $1_{7,9}$)?
9 omnium civium: *K + B* (vgl. Z. 4).
industriae ac virtuti: K + B (vgl. 1_3 *Italiae*).
10 rei publicae: *K + B* (vgl. 1_6 *Rheni*).
12 summi: *K + B* (vgl. 1_5 u. 3_2).
13 augebat: welches deutsche Modalverb könnte diese Gewohnheit ausdrücken?

Marcus Tullius Cicero

Übungen

1. Bilde zu den Passivformen die des Aktivs!
2. Bilde das Passiv zu *ferebant, conlocaverunt* (vgl. den Schluß von 4!), *confirmabat, augebat*!
3. Bilde zu den Imperfektformen die des Perfekts!
4. Bilde möglichst zwei Übersetzungen (mit deutschem Genitiv, Zusammensetzung, Präposition) zu *via laudis, maiorum imitatio, regum potestas, rei publicae custos, ordinis splendor, plebis libertas!*
5. Übersetze Z. 6 *annui* als Prädikativum und als Attribut!
6. Bestimme Z. 8 *consilium* als Form und als Satzglied!

6 Vercingétorix,

Celtilli fílius, Arvernus, summae poténtiae adulēscens, cuius pater principātum tōtīus Gálliae obtinúerat et ob eam causam, quod rēgnum adpetēbat, ā cīvitāte erat interfectus, convocātīs suīs cliéntibus fácile incendit. Cógnitō eius consíliō ad arma concúrritur. Prohibētur ā Gobannitiōne, pátruō suō, reliquīsque princípibus et expéllitur ex óppidō Gergóviā.

Vercingetorix, rīgis, *organisierte den letzten Widerstand gegen Caesar* – Arverni, *Kelten in der Auvergne*

Worterklärungen

fílius, fíli(i) *m*	Sohn	cīvitās, cīvitātis *f*	Bürgerschaft, Stamm, Staat
poténtia, ae *f*	Können, Macht	convocāre	zusammenrufen
adulēscens, ntis	heranwachsend, jung(er Mann)	suus, sua, suum	sein/ihr eigener
qui, quae, quod	der, die, das; welche(r), welches	cliens, clientis *m*	Anhänger, Untergebener
pater, patris *m*	Vater	fácilis, facile	leicht
principātus, ūs *m*	Führung, (Vor)Herrschaft	incéndere, -dit, -censum	anzünden, begeistern, Begeisterung hervorrufen
tōtus, a, um *Gen.* tōtīus	ganz	arma, armōrum *n*	Waffen
ob *b. Akk.*	gegen, wegen	concúrrere, -currit, concursum	zusammenlaufen, strömen
causa, ae *f*	Grund, Ursache, Anlaß	prohibēre, -hibet, -híbuit, prohíbitum	fernhalten, hindern, abwehren
quod	(im Hinblick auf das) was, daß, weil	pátruus, i *m*	Onkel (väterlicherseits)
rēgnum, i *n*	Königswürde, Königreich	réliquus, a, um	übrig, Pl.: die anderen
adpétere, -petit, -petīvit, -petītum	anstreben		

Erläuterungen

1 Vercingetorix, Arvernus, cuius pater obtinuerat: Mit diesen Worten wird der Freiheitskämpfer der Kelten vorgestellt. Die ersten Worte könnte man durch ein Prädikat (*war*) verbinden. Den mit *cuius* eingeleiteten Relativsatz könnten wir folgendermaßen nachahmen: *dessen Vater innegehabt hatte.*

Relativsatz

Der *deutsche Relativsatz* ist ein Gliedsatz (Nebensatz); in ihm steht zum Unterschied vom Hauptsatz die Personalform des Verbs (*hatte*) am Ende. Im *Lateinischen* besteht ein solcher Stellungszwang nicht. Da wir im Deutschen oft kürzere Sätze bauen, formen wir den Relativsatz oft in einen Hauptsatz um und geben das lateinische Relativpronomen dann durch Personal- oder Demonstrativpronomen wieder: *er/dieser hatte innegehabt.*

qui – is: Die Deklinationsformen dieser beiden oft einander gegenüberstehenden Pronomina zeigt die Tabelle (siehe Einlage).

quod

quod: das zur Wiedergabe von *quod* dienende (*was*) *das* wurde erst im 16. Jahrhundert als *das : daß* unterschieden. Die deutsche Konjunktion war also ursprünglich Relativum wie *quod*. Beide können zugleich Nominativ und Akkusativ sein. Als Subjekt steckt in *adpetebat* das vorhergehende *pater*; *quod* ist hier daher ein Akkusativ entsprechend der Vokabelangabe *im Hinblick auf was* (*worauf*) und nimmt die Worte *ob eam causam* wieder auf. Diese Beziehung drücken wir mit *weil* aus. 3

Ablativgruppe

convocatis suis clientibus: diese Gruppe von Ablativen bildet wie die folgende *cognito consilio* eine Umstandsergänzung der Art und Weise. Zur Wiedergabe müssen wir uns sinnvolle Präpositionen überlegen: *bei, vor, auf ... hin, auf Grund* o. ä.: *vor* (*zusammengerufenen*) *versammelten Anhängern.*

eius – dessen: an Stelle des Demonstrativpronomens verwenden wir öfter das Possessivpronomen *sein.* 4

incendit: bei diesem Verb lauten Präsens und Perfekt gleich.

Präsens · *con-* · *Passiv*

concurritur: Diese Form ist die 3. Pers. Sing. Präsens Passiv/Medium. Das *Präsens* dient im Lateinischen wie im Deutschen zur stärkeren Vergegenwärtigung und Verlebendigung einer bereits vergangenen Handlung. Mit *con-* zusammengesetzte Verben bezeichnen eine Handlung, die von vielen gemeinsam ausgeführt wird oder sich auf eine Mehrzahl richtet: *es wird gemeinsam gelaufen/zusammengelaufen.* Zur Wiedergabe *lateinischer Passivformen* stehen uns *Vorgangsverben* zur Verfügung: *es erfolgt ein allgemeines Laufen* oder auch ein unpersönlicher Ausdruck: *man/alles strömt* (*zu den Waffen*). 5

prohibetur: auch diese Form ist 3. Pers. Sg. Präsens Passiv. Dieser Vorgang bezieht sich auf das Subjekt dieses Absatzes, Vercingetorix.

Hinweise

potentiae: K + B. Immer wieder ist die Anwendung einer deutschen Präposition zur Wiedergabe des lateinischen Kasus zu bedenken (vgl. 1_5 *Gallorum*). 1

obtinúerat: zur Formbildung vgl. 2_7 *constituit.* 2

a: welche Worte sind durch diese Präposition bestimmt? (Vgl. zu 2_4 *finitimi* 1_2 *-que*). 5

Nōn dēsistit tamen atque in agrīs habet dīlectum perditōrum hóminum. Hāc coactā manū multōs ad suam senténtiam perdūcit, qui commūnis lībertātis causā arma cápiunt, magnīsque coactīs cṓpiīs adversáriōs suōs, ā quibus paulō ante erat ēiectus, expellit ē cī́vitāte. Rex ab suīs appellātur.

Worterklärungen

dēsístere, -sistit, déstitit	abstehen, aufgeben	perdū́cere, -dūcit, -duxit, -ctum	hinführen
tamen	trotzdem, dennoch, jedoch	commūnis, commūne	gemeinsam, allgemein
habēre, habet, hábuit hábitum	(bei sich) haben, halten	causā	aus dem Grunde, auf Grund, wegen
dīlectus, dīlectūs *m*	Auswahl, Aushebung, Anwerbung	adversárius, a, um	gegnerisch, Feind
		paulo ante	(um) wenig(es)/kurz vorher
pérditus, a, um	verdorben, verloren		
homo, hóminis *m*	Mensch	ḗicere, ḗicit, ēiēcit, ēiectum (*gesprochen: -jicere*)	hinauswerfen
hic, haec, hoc	dieser (hier)		
manus, manūs *f*	Hand(voll), Truppe, Einheit, Mannschaft		
senténtia, ae *f*	Meinung, Ansicht, Stimme	appellāre	anreden, nennen

Erläuterungen

Kasus

7 dilectum perditorum hominum: das Kennzeichen *-um* erscheint nicht nur beim Akk. Sing., sondern auch beim Genitiv Plur.; man muß daher jeweils das ganze Wort betrachten und seine Beziehungen. Bei *perditi homines* ist zu bedenken, daß der siegreiche Gegner, Cäsar, der Autor dieses Berichtes ist.

cápere

9 cápiunt: der Stamm des Verbs *cápere* lautet *capi-* (der Auslaut -i- ist vor *-re* zu *-e-* abgeschwächt). Vor *-nt* erscheint im Präsens bei den Verben der konsonantischen und dieser kurzvokalischen Konjugation als Stammerweiterung ein *-u-*.

10 erat eiectus: das *Plusquamperfekt* wird im *Passiv* wie im Deutschen durch das Partizip Perfekt und die Vergangenheitsform von *esse – sein* gebildet: (*er*) *war verbannt* (*worden*).

11 appellatur: die Bildung des Präsens Passivs der a-Konjugation entspricht der der e-Konjugation (*prohibetur*).

Hinweise

7 in agris: Welchen Sinn haben diese Worte? Welche beiden deutschen Wörter können zur Wiedergabe gebraucht werden? (vgl. 2_2 *in Gallia,* 3_2 *agris expulsi*).

8 hac: K + B, vgl. oben zu *convocatis*!

9 arma: K + B

10 quibus: K + B

11 expellit: Bestimme die Form (dafür in Zukunft die Abkürzung „*F!*“). Welche Worte sind auf dies Satzglied bezogen? (vgl. 1_7).

rex: welches Satzglied kann ein Nominativ darstellen? (vgl. 2_2 *primi*).

Übungen

1. Bilde zu den Verbformen die anderen Tempora, jetzt zusätzlich das Präsens.
2. Bilde den Plural bzw. Singular zu *appellatur, prohibetur, habet, perducit, capiunt, desistit, expellitur, expellit. cognito consilio, hac coacta manu.*
3. Bestimme Form, Beziehung und Satzglied für Z. 1 *adulescens,* 2 *principatum,* 3 *convocatis clientibus,* 5 *prohibetur,* 7 *desistit,* 9 *libertatis, magnis copiis,* 10 *adversarios,* 11 *rex*!
4. Bilde das Aktiv zu *concurritur, prohibetur, expellitur, eiectus erat, appellatur*!
5. Bilde das Medium/Passiv zu *adpetebat, incendit, habet, perducit, capiunt*!

Vercingetorix (Denkmal in Alise-St.-Reine, früher Alesia)

7 Über die Volksstämme in Gallien berichtet Cäsar:

In Gálliā nōn sōlum in ómnibus cīvitātibus, pāgis partibusque, sed paene etiam in síngulīs dómibus factiōnēs sunt, eārumque factiōnum sunt príncipēs, qui summam auctōritātem Gallōrum iudíciō habent; ad eōrum arbítrium iūdiciumque summa ómnium rērum consiliōrumque redit neque quisquam ex plēbe contrā potentiōrem auxílii eget. Príncipum clientēs neque opprimuntur neque circumveniuntur.

Omnēs cīvitātēs dīvīsae sunt in duās partēs. Cum Caesar in Gálliam vēnit, alterius factiōnis principēs erant Haédui, alterīus Séquani. Sequani autem per sē minus valēbant, quod summa auctṓritās antíquitus erat in Haéduīs magnaeque eōrum erant clientēlae; quā rē Germānōs atque Ariovistum sibi adiúnxerant.

Worterklärungen

sōlus, a, um	allein
pāgus, i *m*	(Sippen)Verband, Bezirk
pars, partis *f*	Teil, Richtung, Gegend
paene	nahezu, fast
etiam	schon noch, auch, sogar
síngulī, ae, a	einzelne
domus, domūs *f*	Haus
fáctio, factiōnis *f*	Machenschaft, Partei
auctṓritās, auctōritātis *f*	Ansehen, Einflußnahme, Macht, Vollmacht, Selbstgefühl
iūdícium, iūdícii *n*	Urteil, Richterspruch
arbítrium, arbítrii n	Ermessen, Urteil
summa, ae *f*	(oberste Zahl), Summe, Gesamtheit
redīre, redit, rédiit -itum	zurückgehen, zufallen, sich richten (nach)
quisquam	jemand
contrā *b. Akk.*	gegen, gegenüber
poténtior, -iōris	mächtiger, Machthaber
egēre, eget, éguit	Mangel haben (an), entbehren
neque – neque	weder – noch; nicht – und (auch) nicht
opprímere, -mit, -pressit, oppressum	unter-, erdrücken, überwältigen, überfallen
circumvenīre, -venit, -vēnit, circumventum	herumgehen, umzingeln, hintergehen, gefährden
dīvídere, dívidit, dīvīsit, dīvīsum	teilen, verteilen
duo, duae, duo	zwei
cum	wenn, als
venīre, venit, vēnit, ventum	gehen, kommen
alter – alter	der eine – der andere
per *b. Akk.*	durch (... hindurch)
sē	sich, ihn: auf das Subjekt bezogen
minus	weniger
valēre, valet, valuit	stark, gesund sein, gelten, bedeuten
antíquitus	von früher her, seit langem
clientēla, ae *f*	Anhängerschaft, Gefolgschaft
quā rē	aus welcher/dieser Sache: daher
sibi	sich, ihm, ihnen: auf das Subjekt bezogen
adiúngere, -ngit, -nxit, -nctum	an-, verbinden, angliedern

Erläuterungen

In Gallia ... factiones sunt – *in Gallien sind Parteien*: das deutsche Verb *sein* ist nicht so ausdrucksstark wie *esse*; daher müssen wir zur Wiedergabe der Formen von *esse* öfter ein Vollverb wählen, hier etwa *bestehen*. Für die Wahl des Präsens ist zu bedenken, daß Cäsar die für ihn gegenwärtigen Verhältnisse in Gallien schildert. 1 *esse*

qui ... habent: dieser Relativsatz umschreibt das Subjekt zu *sunt*; das Wort *principes* ist als Prädikativum zu verstehen. Einem Relativsatz lassen wir gern ein Demonstrativum vorausgehen: ... *sind die(jenigen), welche / die ... haben.* 3 *Relativsatz*

divisae sunt – (*sie*) *sind geteilt/gespalten*: Mit *werden* bilden wir das Vorgangs-, mit *sein* das *Zustandspassiv*. Diese Unterscheidung gibt es im Lateinischen nicht in gleicher Weise. Das Partizip ist in beiden Sprachen (der Bezeichnung *participium – teilnehmend* entsprechend) zugleich eine Form des Verbs und ein Adjektiv (vgl. zu 4_1 *coactis* copiis). Man nennt das Partizip auch *Nominalform* des Verbs. 8 *Passiv: Vorgang/Zustand* — *Partizip: Nominalform*

cum ... venit, erant: Auf das *Perfekt*, das die *abgeschlossene Handlung* ausdrückt, folgt wieder ein *Imperfekt* zum Ausdruck eines noch *andauernden Zustands*.

alterius ist wie *totius* Genitiv; im Dativ haben beide das Kennzeichen -i: *alteri, toti.* 9

qua re adiunxerant – *aus welchem Grunde sie herangezogen hatten*: ein solcher „weiterführender Relativsatz", der neue Tatsachen enthält, wird im Deutschen gemieden. Denn der deutsche Relativsatz hat vornehmlich die Rolle eines Attributs. Wir geben daher derartige lateinische Relativsätze durch Hauptsätze und das Relativ- durch das Demonstrativpronomen wieder: *aus diesem Grunde hatten sie herangezogen.* Oftmals steht vor dem Relativpronomen ein Semikolon oder ein Punkt. 12 *Relativsatz*

Hinweise

earum: Welche Wiedergabe dieses Kasus kommt in Frage (vgl. zu 1_2 Galliae). 2
iudicio: K + B. Welche Präposition kommt in Frage? (vgl. 2_1; 6_3). 4
arbitrium: K + B (vgl. 6_7 *dilectum*).
omnium: K + B (vgl. 5_4 ad ...). 5
opprimuntur, circumveniuntur: F! (vgl. 5_4 6_9). 7
principes: K + B (vgl. 1_5 *fortissimi*). 9
magnaeque: K + B (vgl. 1_5). 11

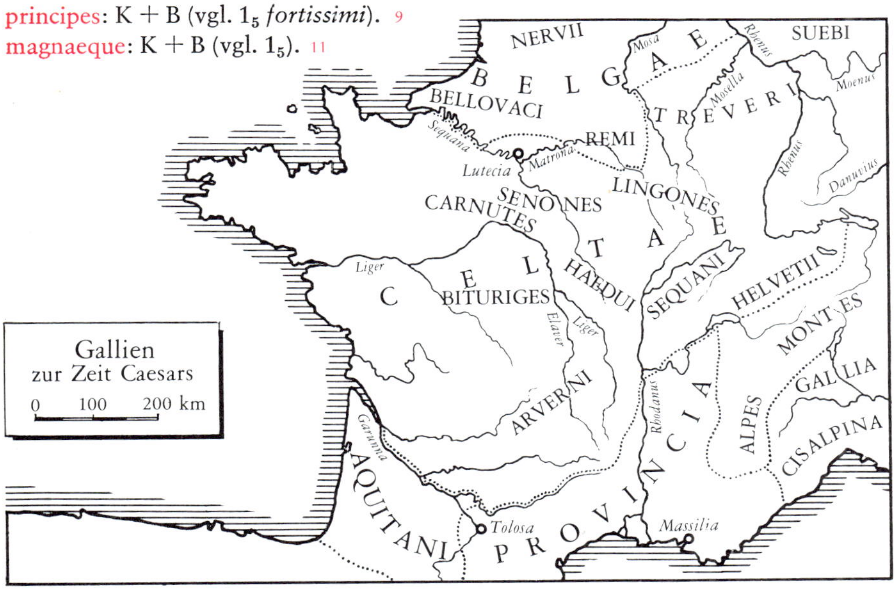

Próeliīs complūribus factīs secundīs atque omnī nōbilitāte Haeduōrum interfectā multum poténtiā antecésserant, magnamque partem cliéntium ab Háeduīs ad sē tradúxerant, óbsidēs ab hīs príncipum fīliōs accēperant, partem fīnítimi agri per vim occupātam possidēbant Galliaeque tōtīus principātum obtinēbant. Adventū Cáesaris facta est commūtātio rērum, óbsidēs Háeduīs sunt rédditi, véterēs clientēlae restitūtae, novae per Cáesarem comparātae; Séquani principātum dīmīsērunt, Háedui longē príncipēs habēbantur.

Worterklärungen

complūrēs, complūra	mehrere	vetus, véteris	alt
secundus, a, um	folgend, zweiter, günstig, erfolgreich	restitúere, -stítuit, -tūtum	wiederherstellen, -einsetzen
nōbílitās, nōbilitātis *f*	Berühmtheit, Adel	novus, a, um	neu
antecēdere, -cēdit, -cessit, -cessum	vorangehen, übertreffen	comparāre	beschaffen, vorbereiten, vergleichen
trādūcere, -dūcit, -duxit, -ctum	hinüberziehen, -führen	dīmíttere, -mittit, mīsit, -missum	entlassen, entsenden, aufgeben
obses, óbsidis *m/f*	(dagegen sitzend:) Bürge, Geisel	longē	bei weitem, weitaus
		habēri	gehalten werden (für), gelten (als)
accípere, -cipit, -cēpit, -ceptum	an-, vernehmen, empfangen	vidēre, videt, vīdit, vīsum	sehen
vīs (Akk.) vim (Abl.) vī *f*	Gewalt, Macht	vidēri, vidētur, vīsus est	angesehen werden, scheinen, erscheinen, Eindruck erwecken
possidēre, -det, -sēdit, -sessum	besitzen	fūmus, i *m*	Rauch
commūtātio, iōnis *f*	Veränderung, Wandel	incendium, i *n*	Brand, Feuer
		procul	aus/in der Ferne
réddere, -dit, -didit, -ditum	zurückgeben, (zurück)versetzen	mūnīre, mūnit, -nīvit, -nītum	(Mauer) anlegen, befestigen

Erläuterungen

Ablativ

14 multum potentia antecesserant: je nach dem Übersetzungsverb wählen wir verschiedene Präpositionen zur Wiedergabe des Ablativs, hier *an* (vgl. 6_3): *(sie) waren (mit ihrer Macht) an Macht weit vorangegangen / hatten an Macht viel gewonnen.*

Passiv/Medium

21 habebantur: Vorgang und Geschehen (Passiv) können wir von Verhalten und Zustand (Medium) durch die Wahl verschiedener Verben unterscheiden: *sie wurden gehalten (für) – galten (als).*

Hinweise

13 proeliis: K + B (vgl. zu 6_3 *convocatis*).
omni: K + B (vgl. 2_1; 6_3).
15 clientium: K + B (vgl. 5_1).
16 obsides: K + B (vgl. zu 5_{10} *custodem*).

Gaius Iulius Cäsar

Übungen

1. Haedui príncipēs vidēbantur.
2. (Nach einer Plünderung:) Fūmi incendiōrum procul vidēbantur.
3. Núntii spem auxiliōrum augent, augēbant, auxērunt, áuxerant.
4. A núntiīs spēs augētur, augēbātur, aucta est, aucta erat.
5. Caesar bellum gerit, gerēbat, gessit, gésserat.
6. Multae rēs ā Cáesare geruntur, gerēbantur, gestae sunt/erant.
7. Rōmāni óppidum cápiunt, capiēbant, cēpērunt, cḗperant.
8. Oppidum ā Rōmānīs cápitur, capiēbātur, captum est/erat.
9. Labiēnus castra commūnit, commūniēbāt, commūnīvit, commūnīverat.
10. Castra mūniuntur, mūniēbantur, mūnīta sunt/erant.
11. Magistrātus ánnuus est, erat, fuit, fúerat.
12. Magistrātūs ánnui sunt, erant, fuērunt, fúerant.
13. videbantur: Z. 21 *habebantur*. Welche Verben kommen zur Wiedergabe in Frage?
14. Nach den angeführten Verbformen in den verschiedenen Tempora können Umformungen mit anderen Verben gebildet werden.

8 Cicero schreibt über das römische Reich:

Quam diū impérium pópuli Rōmāni benefíciīs tenēbātur, nōn iniū́riīs, bella aut prō sóciīs aut dē impériō gerēbantur, éxitūs erant bellōrum aut mītēs aut necessā́rii, rēgum, populōrum, nātiōnum portus erat et refúgium senātus; nostri autem magistrātūs imperātōrēsque ex hāc ūnā rē máximam laudem cápere studēbant: províncīās atque sóciōs aequitāte et fidē dēfendēbant. Itaque illud patrōcínium orbis terrae vḗrius quam impérium poterat nōminārī.

Worterklärungen

quam diu	wie lange, solange	ūnus, a, um	ein einziger
benefícium, i *n*	gute Behandlung, Gefälligkeit	província, ae *f*	Amtsbereich, Provinz
tenēre, tenet, ténuit, tentum	(fest)halten	aéquitas, aequitātis *f*	Gleichheit, Ausgeglichenheit, Gerechtigkeitssinn
iniū́ria, ae *f*	Rechtsverletzung, Ungerechtigkeit, Verstoß, Vergehen	fidēs, fídei *f*	Treue, Zuverlässigkeit, Vertrauen, Glaube
(aut -) aut	(entweder –) oder		
prō *b. Abl.*	vor, für, im Verhältnis zu, anstatt	dēféndere, -ndit, -nsum	abschlagen, abwehren, verteidigen
dē *b. Abl.*	von . . . herab, über, um, bezüglich	patrōcínium, i *n*	Betreuung, Schutzmacht, Patronat
éxitus, éxitūs *m*	Ausgang, Ende	orbis, orbis *m*	Kreis
mītis, mīte	mild, friedlich	orbis terrae (terrarum)	Welt
necessā́rius, a, um	unausweichlich, notwendig, nahestehend	vḗrius	der Wahrheit entsprechender
portus, portūs *m*	Hafen, Zufahrt		
refúgium, i *n*	Zuflucht	quam	wie sehr, wie, als
noster, nostra, nostrum	unser, (römisch)	nōmināre	nennen, bezeichnen
imperātor, imperātōris *m*	Befehlshaber, Heerführer		

Erläuterungen
Gliedsatz
Satzbau

1 quam diu – *wie lange*: *quam* – *wie* dienen zugleich zum Ausdruck einer Frage und eines Vergleichs; den Vergleich leiten wir ein durch *so lange wie* oder durch zusammengeschriebenes *solange*. Einem vorangestellten Gliedsatz muß zunächst die Personalform des Hauptsatzprädikats folgen: *solange . . . geführt wurden, waren die Ausgänge . . .*

3 regum, populorum, nationum: durch das Fehlen eines Bindewortes erhält jedes Wort sein besonderes Gewicht; der Sprecher läßt jedes Wort einzeln wirken.

4 nostri: römische Autoren verwenden das *Possessivpronomen,* wenn sie ihre römischen Verhältnisse darlegten; für die deutsche Wiedergabe käme für *noster* – *römisch* / *Römer* in Frage.

atque ist ein gewichtigeres Bindewort als das kurze *et* und einfaches, eng aneinanderfügendes *-que*. Die Angleichung des -d- bezeichnet man als *Assimilation*. 6

Assimilation

illud: dies Demonstrativpronomen weist auf den Inhalt des Absatzes zurück. Die Deklinationsformen zeigt die eingelegte Tabelle 5. 7

patrocinium: (vgl. zu 5_{10} *custodem*). Das Objekt des aktiven Verbs wird zum Subjekt bzw. Prädikativum im Nominativ bei passiver Verbform. 7

nominari ist Infinitiv Präsens Passiv/Medium; die Formen der anderen Konjugationen lauten *teneri, muniri, capi, geri*. Als Übersetzung kommen in Frage *genannt werden / den Namen tragen / sich nennen* (vgl. 5_4). 8

Infinitiv Passiv

Hinweise

In diesem Absatz müssen nicht nur die einzelnen Formen genau überprüft, sondern auch die Rolle der einzelnen Satzglieder genau bedacht werden; außerdem ist zu beachten, welche Worte sich zu Sinngruppen zusammenschließen und welche durch eine Atempause zu trennen sind:

bella: K + B, zu beachten ist die Gliederung der Aussage. 2

bellorum: K + B

Welches Satzglied ist zu erkennen in *portus, refugium, senatus*? (vgl. zu 1_3 *finitima*; 2_2 *primi*; 1_7 *habebant*). 4

Übungen

Bilde zu den vorkommenden Formen den Plural oder den Singular!

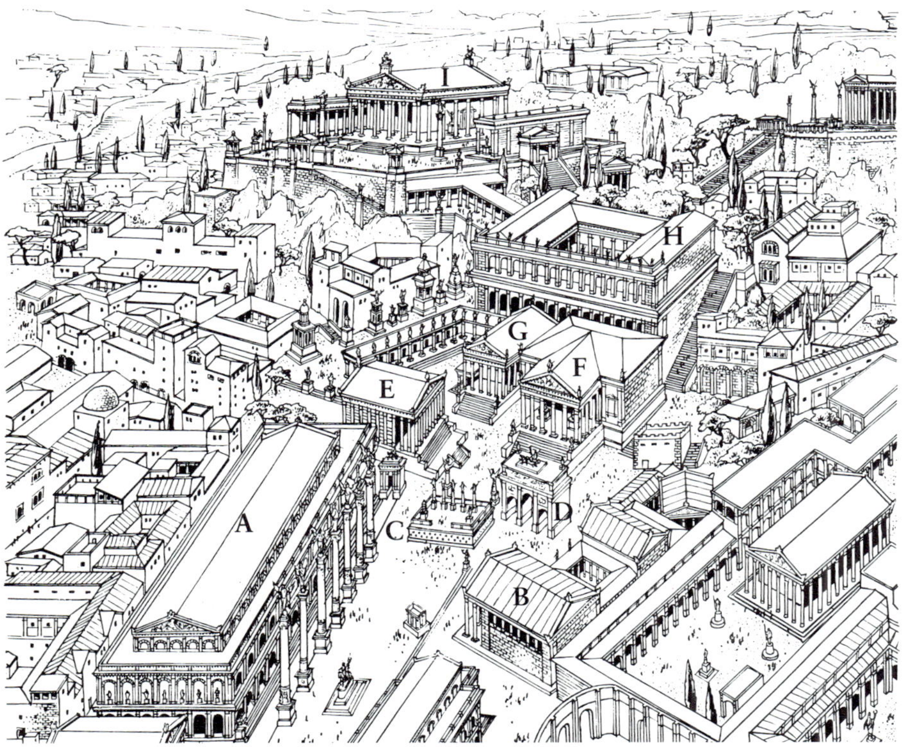

Das Forum Romanum zur Kaiserzeit

- A *Basilica Iulia (Markthalle)*
- B *Curia (Senatsgebäude)*
- C *Rostra (Rednertribüne)*
- D *Bogen des Septimius Severus*
- E *Tempel des Saturn*
- F *Tempel der Concordia*
- G *Tempel des Vespasian*
- H *Tabularium (Staatsarchiv)*
- I *Tempel des Jupiter Capitolinus*

9

Eine Legion bezieht Winterquartiere unter ihrem Legaten Servius Sulpicius Galba.

In Itáliam proficīscēbātur Caesar. Sérvium Galbam cum legiōne duodécimā (XII) et parte equitātūs in Veragrōs mīsit, qui ā fīnibus Allóbrogum et ā lacū Lemannō et flūmine Rhódanō ad summās Alpēs pértinent. Galba secundīs aliquot próeliīs factīs castellīsque complū́ribus eōrum expugnātīs, missīs ad eum úndique lēgātīs obsidibusque datīs et pāce factā constituit cohortēs duās in Nantuátibus conlocāre et ipse cum reliquīs eius legiōnis cohórtibus in vīcō Veragrōrum, qui appellātur Octodūrus, hiemāre; qui vīcus pósitus in valle – nōn magnā adiectā plānítiē – altíssimīs móntibus úndique continētur. Hic in duās partēs flū́mine dīvidēbātur; álteram partem Gallīs concessit, álteram vácuam ab hīs relictam, cohórtibus attríbuit. Eum locum vallō fossāque mūnīvit.

Verágri, *Kelten an der Rhône* – Allóbroges, *an Rhône und Genfer See* – lacus Lemannus, *Genfer See* – Rhódanus, *Rhône* – Alpes, Alpen(gipfel) – Nantuates, *am Oberlauf der Rhône*

Worterklärungen

proficīsci, -tur, -fectus	sich aufmachen, abrücken
legio duodecima	12. Legion
fīnis, finis *m*	Ende, Grenze, Pl.: Gebiet
lacus, lacūs *m*	See
flūmen, flū́minis *n*	Fluß
pertinēre, -net, -nuit	hinreichen, sich erstrecken, gehören, dienen (zu)
aliquot	einige
castellum, i *n*	Stützpunkt, Kastell
expugnāre	(auskämpfen), erobern
míttere, mittit, mīsit, missum	loslassen, schicken, einsetzen
úndique	von überall her
dare, dat, dedit, datum	geben
pāx, pācis *f*	Vertrag, Friede
cohors, cohortis *f*	Kohorte (1/10 Legion)
ipse, ipsa, ipsum	er selbst / persönlich, gerade er
hiemāre	Winter verbringen, Winterquartier beziehen
pōnere, -nit, pósuit, -situm	ablassen, -legen, -setzen, -stellen
vallēs, vallis *f*	Tal
adiectus, a, um	hinzugefügt, anschließend
plānítiēs, plānitiēi *f*	Ebene
altus, a, um	hoch, tief
mons, montis, montium *m*	(aufragend) Berg
continēre, -net, -nuit	zusammenhalten, einschließen
vácuus, a, um	leer
relínquere, -linquit, relīquit, relictum	zurück-, verlassen
concḗdere, -cēdit, cessit, -cessum	zugestehen, bewilligen, überlassen, sich einigen
attribúere, -uit, -būtum	zuteilen, anweisen
vallum, i *n*	Wall
fossa, ae *f*	Graben

Erläuterungen

mediale Verben

proficiscebatur: diese 3. Pers. Sg. Imperf. gehört zu einem *medialen Verb,* von dem aktive Formen nicht gebildet wurden: *proficisci – sich aufmachen.* Den im Imperfekt ausgedrückten Zustand (vgl. 1_1, 2_7) könnte man nachahmen mit der Wendung (*er*) *war auf dem Wege; wollte aufbrechen.* 1

Zahlwörter

duodecima: Zu dem Zahlwort *duodecim – zwölf* gibt es wie im Deutschen deklinierbare Zahlwörter *duodécimus – (der) zwölfte(r).* Die Legionen waren wie moderne Regimenter usw. numeriert. 2

Reduplikation

misit: bei diesem Verb ist das Perfekt mit -s- gebildet; zu *datus – dare* gehört die Perfektform *dedit*: die Verdoppelung des anlautenden Konsonanten mit -e- bezeichnet man als Reduplikation (vgl. zu 2_7 constituit).

Galba: durch Voranstellen des Subjekts läßt der römische Autor erkennen, daß er von Galba weiter berichten will. Er läßt aber zunächst eine Ablativgruppe folgen: 4

Ablativgruppen

secundis proeliis factis – *auf Grund gemachter/bestandener erfolgreicher Gefechte.* Im Deutschen verwenden wir das Partizip Perfekt nicht so häufig. Wir bilden entweder das zugehörige Substantiv: *nach Bestehen erfolgreicher Gefechte* oder formen um in Personalformen: (*er*) *hatte erfolgreiche Gefechte bestanden.* Für das Verstehen lateinischer Texte ist es grundwichtig, die Zusammengehörigkeit derartiger Ablativgruppen zu erkennen und nach deutschen stilistischen Gewohnheiten umzuformen: missis legatis – *durch Entsendung von Gesandten*; oder wir bilden wieder eine Personalform: *Gesandte waren geschickt.*

constituit: erst nach fünf Ablativgruppen kommt der Autor auf das vorangestellte Subjekt zurück. Der deutsche Übersetzer würde lieber zu dem einleitenden *Galba* aus *factis* ein Prädikat bilden und die folgenden Partizipien zu Personalformen umformen. 6

Superlativ

summus – altissimus: beide Wörter sind Vergleichsformen der höchsten Stufe, des *Superlativs* (*summus* ist zu *super – über* gebildet, das in der Technik vielfältig gebraucht wird). Mit *summae Alpes* sind zwar die *höchsten Alpengipfel* bezeichnet; mit *altissimis montibus* sind jedoch nur *sehr hohe Berge* gemeint. Die Form des Superlativs wird also auch außerhalb eines Vergleichs gebraucht, um eine Eigenschaft aus dem Normalmaß herauszuheben. In diesem Gebrauch wird die Form als *Elativ* bezeichnet. 4.10

Elativ

vacuam . . . relictam: auch in anderen Kasus ziehen wir an Stelle des Partizips eine Personalform, meist in einem Gliedsatz, vor: (*den Teil*), *der leer zurückgelassen war / den sie geräumt hatten.* 11

Hinweise

parte: durch welches Wort ist dieser Kasus bestimmt (vgl. 6_5)? 2

equitatūs: worauf macht das Längungszeichen der letzten Silbe aufmerksam (vgl. 4_1)?

qui: durch welche Beziehungen ist der Kasus dieses Wortes bestimmt (vgl. 2_1 socii)?

eorum: wer ist damit gemeint (vgl. Z. 2)? 5

continetur: Bilde ein deutsches Vorgangs- und ein Zustandspassiv (vgl. zu 7_8 divisae sunt)! 10

hic: K + B.

Gallis: K + B. 12

eum locum: Welche „Stelle“ ist damit gemeint? (vgl. *alteram*). 13

Übungen

1. castellisque: bestimme die Worte dieser Gruppe! Bilde Umformungen (wie zu proeliis)!
2. expugnatis, missis: bestimme die Träger dieser Handlungen! Welche verschiedenartigen Personalformen würde man bilden? (Vgl. zu factis und relictam sowie 6_5 concurritur, prohibetur).
3. conlocare: worauf bezieht sich diese Form; welches Wort wird mit dem folgenden *et* angereiht?
4. qui: worauf beziehen sich die beiden Formen Z. 8f.? Welche Satzart lassen wir bei der Übersetzung folgen (vgl. zu 6_1 cuius und 7_{12} qua re)?
5. Bestimme die Perfektbildung in *tenuit, fecit, divisit, concessit, attribuit, adiecit* (vgl. zu 9_2 misit, 2_7 constituit)!
6. Bilde zu den genannten Formen die Tempora!
7. Bestimme Form, Beziehung und Satzglied von Z. 2 *misit, 6 pace facta, 6 constituit, 10 adiecta planitie, 11 vacuam ... relictam, 12 cohortibus, 13 vallo*!
8. Welche Besonderheit lateinischer Wortstellung zeigen die Worte *cum reliquis eius legionis cohortibus*? Welches Satzglied bilden sie? (vgl. 3_5, 4_1).
9. Unterscheide Z. 1 *in Italiam, 7 in Nantuatibus, 8 in vico, 11 in duas partes*? (vgl. 1_9, 2_2).
10. Wodurch sind bestimmt Z. 2 *parte, 3 flumine*? (vgl. 6_5).

Für die *Übersetzung von Partizipien* ist zu merken:
Zuerst Übertragung mit deutschem Partizip, dann mit zugehörigem Verbalsubstantiv und Präposition; danach Umformung in eine Personalform des Aktivs oder des Passivs. Wo das deutsche Partizip ungebräuchlich ist, wählen wir zwischen den drei Umformungsmöglichkeiten. Bei den Personalformen ist noch die Wahl eines Haupt- oder eines Gliedsatzes zu unterscheiden.

Crassus operiert in Aquitanien

10

Aquitāni Rōmānōs intrā suōs fīnēs intrāre prohibēbant: lēgātōs quōque versus dīmíttere, coniūrāre, óbsidēs inter sē dare, cōpiās parāre. Mittuntur etiam ad eās cīvitātēs lēgātī, quae sunt citeriōris Hispā́niae fīnítimae Aquitā́niae; inde auxilia ducēsque arcessuntur. Quōrum adventū magnā cum auctōritāte et magnā cum hóminum multitū́dine bellum gérere cōnantur.

Aquitani, *in Südgallien* – Hispania citérior, *Ostspanien*

Worterklärungen

intrā *b. Akk.*	innerhalb, in . . . hinein	inter *b. Akk.*	unter, zwischen
intrāre	eindringen, hineingehen	citérior, *-iōris*	mehr diesseits (von Rom)
quōque versus	(jedem zugewandt) überallhin	inde	von da, danach
coniūrāre	gemeinsam/gegenseitig schwören, sich eidlich verpflichten	multitūdo, multitū́dinis *f*	Menge
		dux, ducis *m*	Anführer
		cōnāri	sich anstrengen, versuchen

Erläuterungen

Infinitiv als Prädikat

dimittere: Dieser Satz enthält keine Personalform. Der römische Autor kann den *Infinitiv als Prädikat* wählen, wenn die handelnde Person gegenüber der Handlung zurücktreten soll. Im Deutschen wählen wir im Anschluß an den Einleitungssatz weiter die Personalform. 2

citerior – *mehr diesseits*: die Römer bezogen geographische Angaben auf das Zentrum des Reiches, Rom. Die römische Herrschaft wurde im 3. und 2. Jahrhundert auf Spanien ausgedehnt, Westspanien (Lusitanien/Portugal) wurde unter Augustus römisch. 4

magna cum auctoritate: Präpositionen wurden offenbar dem Sprechrhythmus zuliebe oft zwischen Adjektiv und Substantiv gestellt. 5

Hinweise

dimittere: Wessen Handlung ist gemeint? Welches Personalpronomen fügen wir daher hinzu (vgl. 2_2 *poterant*)? 2

quae: K + B 3

Hispaniae finitimae Aquitaniae: K + B vgl. zu 1_3 *Italiae*, 2_1 *socii*. 4

hominum: K + B (vgl. 6_7 *dilectum*; 5_4). 6

Ducēs vērō ii dēliguntur, qui ūnā cum Quintō Sertōriō omnēs annōs fuerant summamque scientiam rei mīlitāris habēre exīstimābantur. Hi consuētūdine pópuli Rōmāni loca cápere, castra mūnīre, commeátibus nostrōs interclūdere instítuunt. Quod ubi Crassus animadvertit: suās cōpiās propter exiguitātem nōn fácile dīdūci, hostem et vagāri et viās obsidēre et castrīs satis praesídii relínquere,

Quintus *(fünftes Kind)* Sertorius, *Prätor i. J. 85* – Crassus, *Sohn des Triumvirn*

Worterklärungen

vērō	wahrlich, aber
ūnā (viā)	auf einem Wege, gemeinsam, zugleich
annus, anni *m*	Jahr
scientia, ae *f*	Wissen, Erfahrung
rēs mīlitāris	militärisches Gebiet, Kriegswesen
exīstimāre	einschätzen, meinen, halten (für), für richtig halten
consuētūdo, -dinis *f*	Gewohnheit
loca capere	Stellung beziehen, in Stellung gehen
commeātus, ūs *m*	Verkehr, Nachschub, Proviant
interclūdere, -dit, -sit, -clūsum	abschließen, unterbinden
ubi	wo, als
animadvértere, -tit, -sum	Sinn hinwenden, bemerken, beobachten
propter *b. Akk.*	wegen, neben
exigúitās, ātis *f*	Kleinheit, geringe Zahl
dīdūcere, -cit, -xit, -ctum	auseinanderziehen
hostis, hostis *m*	Feind
vagāri	umherziehen, ausschwärmen
obsidēre, -sidet, -sēdit, -sessum	belagern, bedrohen
satis	genug, ausreichend
praesídium, -sidii *n*	Schutz(truppe), Stützpunkt, Besatzung

Erläuterungen

8 omnes annos: der *Akkusativ* dient in beiden Sprachen auch zum Ausdruck der *zeitlichen* (und *räumlichen*) *Ausdehnung*: *all die Jahre / alle Jahre lang/hindurch.*

Infinitiv im Relativsatz

qui . . . habere existimabantur – *die . . . zu haben eingeschätzt wurden.* Auch in einem Relativsatz formen wir einen solchen Infinitiv gern in eine Personalform um. Das Prädikat bringen wir in einem Vergleichssatz nach: *die ... hatten/besaßen, wie man meinte* oder fügen den Vergleichssatz in den Relativsatz ein. Statt des Vergleichssatzes wäre auch an eine nominale Wiedergabe zu denken (*ihrer Meinung nach*). Schließlich könnte man das lateinische Passiv durch ein Modalverb wiedergeben: *die . . . haben sollten / zu haben schienen.*

Nomen und Verb als Objekt

9 hi nostros intercludere instituunt – *sie weisen an, die Römer abzuschließen* (vgl. 8_4): Subjekt und Prädikat umklammern die Gesamtaussage; Objekt zu *instituunt* ist *intercludere,* dies hat als Objekt *nostros* bei sich. Nomen und Verbum können also die Rolle eines Objekts haben:

11 Crassus animadvertit copias diduci – *Crassus sah die Truppen auseinandergezogen werden*: auf das Prädikat *animadvertit* folgt das nominale Objekt *copias* und als

verbales der Infinitiv Präsens Passiv *diduci*. Auch diesen Infinitiv können wir in die Personalform umwandeln: *sah, die Truppen wurden auseinandergezogen*; außerdem könnten wir einen Gliedsatz bilden: sah, *daß die Truppen auseinandergezogen wurden*. Diese Verbindung eines Verbs mit einem nominalen und einem verbalen Objekt ist im Lateinischen sehr häufig anzutreffen. Man bezeichnet sie als *accusativus cum infinitivo,* oder kurz als *a.c.i.* Als Objekt erscheinen Beobachtungen, Gedanken, Meinungen; wir wählen zur *Wiedergabe* einen *Gliedsatz,* eingeleitet durch *daß* oder *wie,* einen *Hauptsatz* oder wir drücken den Inhalt der Beobachtung mit einem *Satz indirekter Rede* aus: *er merkte, die Truppen konnten/könnten nicht leicht auseinandergezogen werden.*

a.c.i

quod ubi . . .: das Relativum faßt die zuvor genannten Tätigkeiten zusammen; *ubi* entspricht deutschem *wo,* allerdings können wir dies nur in der Alltagssprache in einer zeitlichen Beziehung verwenden. In einem solchen Falle verwenden wir die Konjunktion *als*. Diese muß im Deutschen an erster Stelle stehen, die *lateinische Konjunktion* kann dagegen an nebentoniger Stelle eingeordnet sein.

Konjunktion

castris: im *Dativ* wird die *Person oder Sache* ausgedrückt, *zu deren Vor- oder Nachteil eine Handlung erfolgt* oder ein Zustand besteht. Auch diesen Kasus geben wir oft mit Präposition wieder: *für das Lager*. 13

Dativ

satis praesidii – *genug des Schutzes* können wir im Deutschen nachbilden, gebrauchen aber den Genitiv im allgemeinen nicht, sondern verwenden in Mengenangaben die Apposition: *genügend Schutz* oder eine Präposition: *ein hinreichendes Maß an Schutz*.

Genitiv

Hinweise

qui: K + B (vgl. 7_3). 7

rei militaris: K + B, vgl. zu 1_2 *Galliae*. 8

consuetudine: welche Präposition verbinden wir mit *Gewohnheit/Brauch*? 9

hostem: Welches Satzglied ist zu erkennen? Welche Aussagen werden darüber gemacht? Welche lateinische Besonderheit ist wieder festzustellen? (vgl. zu *copias diduci*). 12

vias: K + B (vgl. zu Z. 8 *nostros intercludere*).

ob eam causam minus cómmodē frūmentum commeātumque sibi supportāri, in diēs hostium númerum augēri, rem esse in angustō vīdit. Hāc rē ad consilium dēlātā ubi omnēs idem sentīre intellexit, pósterum diem pugnae constítuit.

Worterklärungen

cómmodē	(in) bequem(er Weise)	angustus, a, um	eng, beengt
frūmentum, i *n*	Getreide, Nahrungsmittel	dēferre, -fert, -tulit, -lātum	überbringen, -tragen, anbieten
supportāre	nachbringen	īdem, éadem, idem *Gen.: eiusdem*	der-, die-, dasselbe
in diēs	(in die Tage hinein) von Tag zu Tag	sentīre, -ntit, -nsit, -nsum	fühlen, empfinden, denken
esse, est, fuit	sein, sich befinden, liegen, bestehen, gehören (zu)	intellégere, -git, -xit, -ctum	einsehen, verstehen, (be)merken
		pugna, ae *f*	(Faust-)Kampf

Erläuterungen

Adverb

12 facile – $_{14}$ commodē: zum Ausdruck der *Beziehung auf ein Verb* hat die lateinische Sprache außer dem *Akkusativ* Neutrum (7$_{14}$ *multum, facile*) und dem *Ablativ* (Z. 7 *vero*) die Sonderform des *Adverbs.* Diese hat bei den *Adjektiven* der o/a- Deklination das Kennzeichen *-ē*: *cómmodē* (vgl. engl. *quickly*).

Reflexivpronomen

14 sibi: Zum Ausdruck der Rückbeziehung auf das Subjekt oder das den Zusammenhang bestimmende Nomen hat die lateinische Sprache das *reflexive Personalpronomen.* In abhängigen Sätzen gebrauchen wir meist das Personalpronomen: *er ließ sich nachbringen / er ordnete an, ihm nachzubringen.*

Satzbau

15 rem esse: auf diesen *a.c.i.* folgt das Prädikat des Hauptsatzes *vidit.* Der deutsche Übersetzer muß nicht nur diese Beziehung beachten, sondern auch den gesamten Satzbau: die Worte *quod ubi animadvertit* wurden durch die a.c.i.-Reihe näher bestimmt; am Anfang des deutschen Satzes entstehen so zunächst Gliedsätze; da im Deutschen die Personalform des (Hauptsatz-)Verbs an zweiter Stelle steht, muß auf die Gliedsätze die Übersetzung von *vidit – sah er* folgen.

hac re delata ubi intellexit: Die Ablativgruppe stellt zunächst die Ausgangssituation dar; darauf folgt wieder ein durch *ubi* eingeleiteter Temporalsatz. Die deutsche Konjunktion beansprucht die erste Stelle. Wir können dem *als* eine nominale Wiedergabe folgen lassen (vgl. Schlußbemerkung zu 9) oder das Partizip *delata* zur Personalform eines *als*-Satzes umformen und einen zweiten mit *und* anschließen: *als er ... vor ... gebracht hatte und merkte ...*

17 pugnae: die Deklinationstabelle zeigt drei Möglichkeiten: bisher hat noch keine Schlacht stattgefunden, daher scheiden Nom. Plur. und Gen. Sing. aus; zum Dativ vgl. zu 1$_8$ *auxilio* und oben zu Z. 13 *castris.*

Hinweise

14 frumentum: K + B (vgl. zu *copias diduci*).
15 hostium numerum: K + B (vgl. 5$_4$).
16 omnes: K + B im Vergleich zu *idem* (vgl. $_{11}$*copias diduci* / $_{10}$*nostros intercludere*).

11

Pompeius stellt sich auf den Bürgerkrieg gegen Cäsar ein:

Misso ad vesperum senatu omnes, qui sunt eius ordinis, a Pompeio evocantur. Laudat Pompeius atque in posterum confirmat, seniores castīgat atque incitat. Multi undique ex veteribus Pompei exercitibus spe praemiorum atque ordinum evocantur, multi ex duabus legionibus, quae sunt traditae a Caesare, arcessuntur. Completur urbs et ipsum comitium tribunis, centurionibus, evocatis.

Pompeius, *Konsul 70, Triumvir mit Cäsar und Crassus*

Worterklärungen

vesper, vésperi *m*	Abend	trā́dere, -dit, -didit, -ditum	übergeben, überliefern
ēvocāre	aufrufen, aufbieten	complēre, -plet, -plēvit, -tum	an-, erfüllen
in pósterum	für das Folgende/die Zukunft	urbs, urbis *f*	(Haupt-)Stadt
senior, iōris	älter	comítium, i *n*	Versammlungsplatz
castīgāre	anhalten, zurechtweisen	tribūnus, i *m*	(militum) Offizier (plebis) Volkstribun
incitāre	anspornen		
exércitus, exércitūs *m*	geübte Mannschaft: Heer	centurio, iōnis *m*	Unteroffizier
		ēvocātus, i *m*	(aufgerufener) Reservist
praémium, i *n*	Belohnung		

Erläuterungen

absolut gebrauchtes Verb

laudat: im Deutschen verlangen transitive Verben ein Akkusativobjekt; lateinische Verben können ohne diesen Zusatz gebraucht werden. Man nennt dies den *absoluten Gebrauch des Verbs*. Im Deutschen können wir eine Handlung durch mehrere Worte ausdrücken: *anerkennen – Anerkennung aussprechen* (vgl. 6_4 *incendit* 1_7 *habebant*). 2

Komparativ

seniores – *ältere*: beide Formen sind *Komparative,* Vergleichsformen der ersten Steigerungsstufe. Das Kennzeichen ist im Lateinischen *-ior* Gen. *-ioris*. Die Deklinationsformen sind die der konsonantischen Deklination. Die Form *-ior* bezieht sich auf Masculinum und Femininum; als Neutra kamen schon vor 8_7 *verius* (Gen. *verioris*) und 10_{13} *minus* (Gen. *minoris*).

veteribus: Pompeius hatte in Kleinasien, in Spanien und im Mittelmeer gegen die Seeräuber als Befehlshaber beachtliche Erfolge errungen. 3

ordinum: damit sind hier *Beförderungen* gemeint.

traditae: Cäsar war aufgefordert, zwei Legionen seines Heeres für einen Feldzug im Osten zur Verfügung zu stellen. 4

Hinweise

misso: 10_{15} *hac re delata.* 1

sunt: 7_2 *esse.*

ordinis: K + B (vgl. 1_5 *Gallorum*)

ex: worauf bezieht sich diese Präposition? (vgl. 6_5 *a*; 5_4 *ad*) 3

spe: K + B, vgl. zu 1_2 *Galliae*

completur: 6_5 *concurritur* 1_7 5

Omnes amici consulum, necessarii Pompei atque eorum, qui veteres inimicitias cum Caesare agebant, in senatum coguntur. Quorum vocibus et concursu terrentur infirmiores, dubii confirmantur, plerisque vero libertas eripitur.

Worterklärungen

consul, cónsulis *m*	Konsul
inimīcítia, ae *f*	Feindschaft
ágere, agit, ēgit, actum	(be)treiben, (ver)-handeln
vōx, vōcis *f*	Laut, Stimme, Wort
concursus, ūs *m*	Zusammenströmen, (Menschen-)Auflauf
terrēre, -ret, -ruit, -ritum	erschrecken, überraschen
infirmus, a, um	kraftlos, schwach, ohnmächtig, unsicher
dubius, a, um	schwankend, zweifelhaft
plērique, plēraeque, -ăque	die meisten, sehr viele
ērípere, -pit, -rípuit, -reptum	entreißen

Gnaeus Pompeius

Erläuterungen

6 veteres: Cäsar hatte als Konsul 59 den Senat ausgeschaltet und seine Politik durch Beschlüsse der Volksversammlung durchgesetzt. Daher bestehen seitdem *inimicitiae.*

7 coguntur: Durch das Passiv unterstreicht Cäsar als der Autor dieses Berichtes den Mangel an *libertas.*

8 plerisque: die Handlung erfolgt zu ihrem Nachteil, vgl. zu 10_{13} *castris*!

Hinweise

6 consulum; eorum: K + B

7 quorum: 7_{12} *qua re.*

vocibus: durch welches Wort ist der Kasus dieses Wortes eindeutig bestimmt? (vgl. 1_1 *-que*).

Übungen

1. Bilde drei verschiedene Übersetzungen zu *hac re delata*; *misso senatu. omnes idem sentire intellexit.* (Vgl. Schlußbemerkung zu 9 und zu 10_{11} *copias diduci*)
2. Gib zwei Übersetzungen für die Verben in den Verbindungen: *terrentur infirmiores, dubii confirmantur* (vgl. zu 5_4 *excitabantur*).
3. Bilde die Form des Komparativs bzw. des Superlativs zu *iustissimus, fertilissimus, infirmior* (vgl. zu 9_{10} *altissimis*), *altus.*
4. Bilde zu den Personalformen der Verben dieses Abschnitts die Infinitive Präsens Aktiv und Passiv!

12

Cäsars erster Rheinübergang

Diebus decem, quibus materia coepta erat comportari, omni opere effecto exercitus traducitur. Caesar ad utramque partem pontis firmo praesidio relicto in fines Sugambrorum contendit. Interim a compluribus civitatibus ad eum legati veniunt. Quibus pacem atque amicitiam petentibus liberaliter respondet obsidesque ad se adduci iubet.

Sugambri, Usipetes, *Germanen an Ruhr, Sieg, Lippe*

Worterklärungen

decem	zehn	interim	unterdessen, inzwischen
mātéria, ae *f*	(Mutterstoff), Bauholz	petens, petentis	anstrebend, verlangend
coepisse, coeptum	sich angepaßt haben, beginnen, anfangen	līberālis, līberāle	freimütig, -gebig, freundlich
comportāre	zusammenbringen, beschaffen	respondēre, -det, -dit, -sum	erwidern, antworten
opus, óperis *n*	Werk, Arbeit	addúcere, -cit, -xit, -ctum	heranführen, veranlassen
effícere, -cit, -fēcit, -fectum	ausführen, vollenden	iubēre, -bet, iussit, -ssum	antreiben, auffordern, lassen, anordnen, befehlen
pons, pontis *m*	Brücke		
firmus, a, um	stark, fest		
conténdere, -dit	(Kräfte) anspannen, sich anstrengen, eilen, behaupten		

Erläuterungen

Komposita

coepta erat: Zu diesem Verb gibt es keine Präsensformen. Es ist zusammengesetzt mit *co-* (verkürzt aus *con-*). Zusammengesetzte Verben nennt man *Komposita.* Von dem einfachen Verb, dem *(verbum) simplex,* gibt es das Partizip Perfekt *aptus – angepaßt, passend.* An Stelle einer passiven Wiedergabe für *materia coepta erat comportari – das Material war angepaßt, um herangeschafft zu werden* könnten wir wählen *man hatte begonnen ... heranzuschaffen.* Außerdem käme die Wiedergabe des Infinitivs *comportari* durch das Substantiv *Antransport* in Frage. 1

Passiv

Infinitiv Perfekt

coepisse ist der Infinitiv Perfekt Aktiv.

omni erweist sich durch die Beziehung zu *opere* als Ablativ (vgl. 5_4; 7_{13} *omni nobilitate interfecta*). Mit *opus* ist hier der *Brückenbau* gemeint.

Partizip Präsens

quibus ... petentibus respondet: durch die Beziehung auf das Prädikat *respondet* ergibt sich *quibus* als Dativ; *petentibus* (Zur Deklination vgl. zu 5 *gens*) ist Dativ Plural des *Partizips Präsens* zu *petere: petens* (In den anderen Konjugationen lautet das Partizip *incitans, terrens, veniens, capiens*) – *verlangend/bittend.* Das Partizip Präsens wandeln wir für die Übersetzung in gleicher Weise um wie das Perfekt-Partizip. (vgl. zu 9 Ü) 4

Adverb

liberaliter: bei den Adjektiven der konsonantischen und der i-Deklination hat das Adverb das Kennzeichen *-ter* (vgl. zu 10_{14} *commodē*)

Hinweise

diēbus decem: 4_5 *mille* und *postero diē.* 1
traducitur: 6_5 *concurritur.* 2
firmo: K + B vgl. zu 9_4
in fines: Welchen Sinn haben diese Worte? (vgl. 1_9 *in Galliam*)
veniunt: F! (vgl. 6_9 *capiunt*) 4
anibus: vgl. 7_{12}
adduci: Mit welchem Substantiv könnte man die Form wiedergeben? (vgl. 12_1) 5

At Sugambri ex eo tempore, quo pons institui coeptus est, fugā comparātā hortantibus iis, quos ex Tenctheris atque Usipetibus apud se habebant, finibus suis excesserant suaque omnia exportaverant seque in solitudinem ac silvas abdiderant.

Worterklärungen

tempus, témporis *n*	Zeit	exportāre	herausbringen
hortāri	anfeuern, ermutigen, anraten	sōlitūdo, sōlitū-dinis *f*	Alleinsein, Einsamkeit
apud *b. Akk.*	bei	silva, ae *f*	Wald
excḗdere, -dit, -cessit, -ssum	herausgehen, verlassen	ábdere, -dit, -didit, -ditum	wegtun, verbergen
sua omnia	ihr alles, all ihre Habe		

Erläuterungen

Partizip
genera verbi

6 hortantibus: von dem Verb *hortari* haben sich nur mediale Formen im Laufe der sprachlichen Entwicklung durchgesetzt. Das *Partizip* (Nom.: *hortans*) ist ein Nomen und steht außerhalb der *genera verbi* (Ausdrucksarten des Verbs: Aktiv, Medium, Passiv). Man bezeichnet es daher als *genusindifferent.*

Neutrum Plural

7 sua omnia: Beide Wörter, das reflexive (vgl. 10_{14}) Possessivpronomen und das Adjektiv, haben den Ausgang *-a* gemeinsam. Von Adjektiven und Pronomina können wir keine *Pluralformen im Neutrum* bilden und übersetzen daher mit dem Singular: *alles Ihre / ihr alles / ihr gesamtes* (*Hab und Gut*).

8 abdiderant: Dies Plusquamperfekt zu *abdere* ist durch Reduplikation (Verdoppelung des anlautenden Konsonanten) gebildet (vgl. 9_2).

Hinweise

5 pons institui: Welches zusammengesetzte Substantiv kommt dafür zur Wiedergabe in Frage? (vgl. zu 12_1 coepta erat)

6 comparata: vgl. Schluß zu 9 und zu 9_6 *Galba constituit*!
hortantibus: vgl. Schluß zu 9! Welches Substantiv wäre anwendbar?

Übungen

1. Bestimme Form und Formbildung von *habebant, excesserant, exportaverant, abdiderant* und bilde die anderen Tempora (nach Ü. 7)!
2. Bestimme die Satzglieder Z. 5–8 und erläutere den lateinischen Satzbau, danach den Satzbau der Übersetzung!
3. Bilde mehrfache Übersetzungen zu Z. 6 *comparata, hortantibus, 4 petentibus*!

13

Caesar paucos dies in eorum finibus moratus omnibus vicis aedificiisque incensis frumentisque succisis se in fines Ubiorum recepit atque his auxilium suum pollicitus haec ab iis cognovit: Suebos per exploratores pontem fieri comperisse, more suo concilio habito nuntios in omnes partes dimisisse, de oppidis demigravisse,

Ubii, *Germanen zwischen Lahn und Sieg*

Worterklärungen

pauci, ae, a	wenige, einige	explōrātor, -ōris *m*	Aufklärer, Späher
morāri	aufgehalten werden, sich aufhalten, verweilen	fíeri, fit, fiunt, fiēbat	werden, geschehen, erfolgen
succīdere, -dit, -cīsum	unten abschneiden: mähen	comperīre, comperit, -pertum	erfahren
sē recípere, -cipit, -cēpit, -ceptum	sich zurückziehen	mōs, mōris *m*	Sitte, Brauch
pollicēri, -cētur, -lí-citus	anbieten, sich erbieten, versprechen	concílium, i *n*	Versammlung

Erläuterungen

Partizip Perfekt medialer Verben

moratus: das entsprechende deutsche Partizip *aufgehalten* würde rein passivischen Sinn haben. Das lateinische Verb *morari* ist dagegen zugleich Medium und bedeutet *aufhalten* und *sich aufhalten*. Für derartige Partizipien medialer Verben können wir (wie 9_4) die nominale Wiedergabe wählen (*nach einem Aufenthalt*), meist wird sich die Übersetzung mit Personalform anbieten: *hielt sich auf* ... Wichtig zu beachten ist an dem lateinischen Partizip die durch die Form des Nominativs gegebene Beziehung auf das jeweilige Subjekt. Die Umformung in eine deutsche Personalform bedingt die Anknüpfung des Prädikats mit *und*. 1

hic

his: K + B (vgl. zu 12_4 *respondet*). Das Demonstrativum *hic* bezieht sich auf ein unmittelbar vorhergehendes oder folgendes (Z. 3 *haec*) Satzglied. 2

a.c.i.

Suebos ... comperisse: Dieser a.c.i. umklammert noch einen zweiten: *pontem fieri*; Häufung von *daß*-Sätzen müssen wir vermeiden und derartige im a.c.i. gebotene Informationen öfter durch einen Satz deutscher indirekter Rede wiedergeben: *hätten erfahren, die/eine Brücke werde (gebaut)* oder, besonders bei Infinitiven des Passivs, durch das Substantiv: *vom Brückenbau.* 3

Hinweise

paucos dies: 10_8 *omnes annos.* 1
omnibus ... succisis: K + B (vgl. zu 9_4); hier sind die Sinngruppen genau zu unterscheiden!
pollicitus: Z. 1 *moratus* 3
haec: K + B (vgl. Tabelle 5; *sua* 12_7)
Suebos: welche syntaktische Erscheinung ist zu beobachten (welche Besonderheit des Satzbaus/der Syntax)? Diese Frage erscheint künftig mit der Abkürzung *SE* (vgl. zu 10_{11})
comperisse: F! (vgl. zu 12_1 *coepta erat*)
more suo: zur Wahl der deutschen Präposition vgl. 10_9 *consuetudine*! 4
habito: SE (vgl. zu 9_4 *factis*)
partes: Was für *Teile* sind hier gemeint? (zu *in* vgl. 1_9; 2_2)

liberos, uxores suaque omnia in silvis deposuisse atque omnes viros unum in locum convenisse; hunc esse delectum medium fere regionum earum: hic Romanorum adventum exspectare atque ibi decertare constituisse.

Worterklärungen

līberi, ōrum *m*	Kinder (der Freien)	médius, a, um	mittlerer, mitten
uxor, uxōris *f*	Gattin, Frau	ferē	fast, beinahe, etwa
dēpōnere, -nit, -pósuit, -situm	niederlegen	régio, regiōnis *f*	Gegend, Richtung, Bezirk
convenīre, -venit, -vēnit, -ventum	zusammen-, gemeinsam kommen	hīc	hier, da
		dēcertāre	entscheiden, bestimmen

Hinweise

5 -que: welche Worte werden damit zusammengefaßt?
unum in locum: 10_5 *cum*
6 convenisse: 6_5 *concurritur*
hunc: K + B, vgl. Tab. 5
regionum earum: K + B (vgl. 5_4)
7 constituisse: wodurch ist die Form bestimmt? (vgl. zu 10_{11}; zu 9_6 *constituit*)

Übungen

Unterstreiche im Text Akkusativ und Infinitiv der a.c.i.; ferner mit anderer Farbe Substantiv und zugehöriges Partizip der Ablativgruppen!

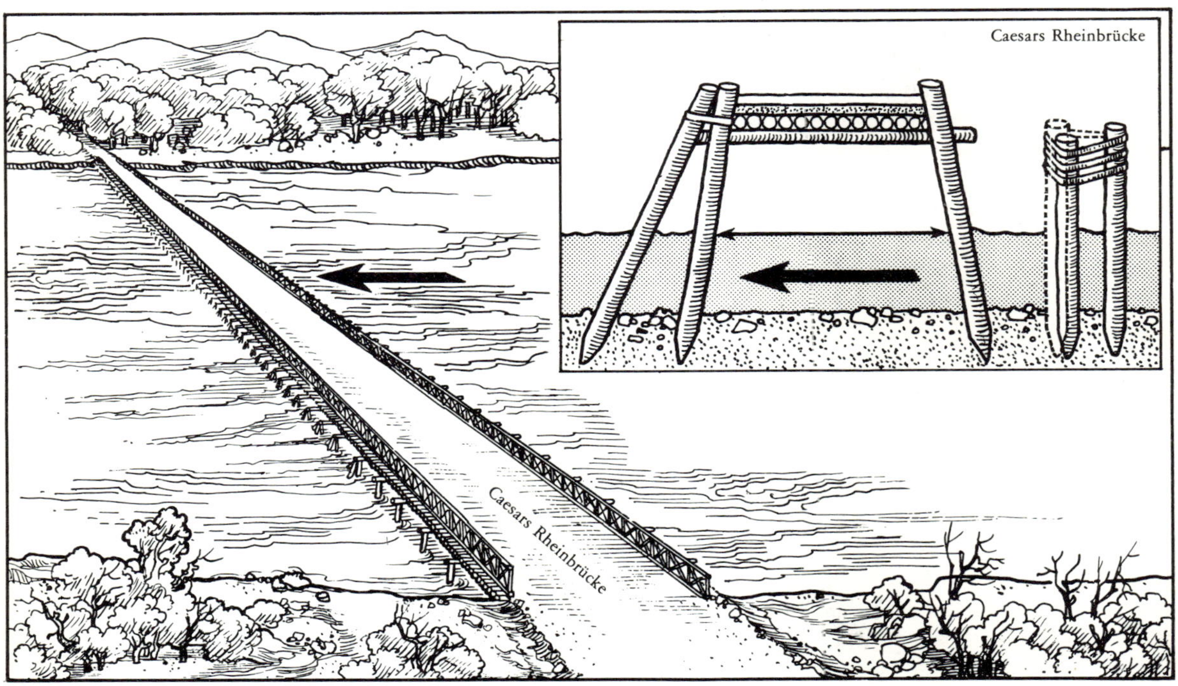

14

... omnes, qui arma ferre possent
... regionum earum, quas Suebi obtinerent
... auxilium pollicitus, si a Suebis premerentur
... Suebos, posteaquam comperissent
... nuntios dimisisse, uti demigrarent, liberos ... deponerent atque omnes, qui arma ferre possent, convenirent.

Worterklärungen

posteā quam	später als, nachdem	prémere, -mit, pressit, pressum	drücken, pressen, drängen
si	so, sofern, wenn, falls	uti, ut	wie, daß, damit, (um ...) zu, so daß

Erläuterungen

Cäsars Bericht über seinen Rheinübergang (Text 13) hat an einigen Stellen einen anderen Wortlaut:
Z. 5 lesen wir statt *omnes viros*: *omnes, qui arma ferre possent.*

Modi: Indikativ Konjunktiv

possent: Diese Form besteht aus dem Infinitiv Präsens *posse* und der Personalendung *-nt*. Die bisherigen Personalformen waren solche des *Indikativs*. Mit dem *modus indicativus* zeigt der Autor an (*indicare* bedeutet *anzeigen*), was als Tatsache besteht oder was er als Tatsache wirken lassen möchte. Der *modus coniunctivus* ist dagegen die Aussageweise für die Verbindung (*coniungere* bedeutet *verbinden*) von Gedanken, Überlegungen, Möglichkeiten; *possent* ist die 3. Pers. Plur. Imperfekt Konjunktiv. In diesem Relativsatz gebrauchen auch wir den Konjunktiv, da er ein Teil indirekter Rede ist: *alle, die Waffen tragen könnten.* 1

In Z. 5 steht ähnlich bei *regionum earum, quas Suebi obtinerent*
obtinerent ist wie *possent* der *Konjunktiv Imperfekt* Aktiv. 2

Zu Z. 3 *auxilium pollicitus, si a Suebis premerentur*
premerentur: erweist sich als Konjunktiv Imperfekt Passiv. 3

Den Bericht der Ubier beginnt er mit den Worten (Z. 3)
Suebos, posteaquam pontem fieri comperissent, nuntios dimisisse
comperissent: die aus Infinitiv Perfekt und Personalendung bestehende Form ist die des *Konjunktivs Plusquamperfekt*: *als sie erfahren hätten.* Cäsar fährt fort: 4

... nuntios dimisisse, uti ... demigrarent, sua omnia deponerent, omnes ... convenirent. 5

uti

uti – *wie*: mit dieser Konjunktion und folgendem Konjunktiv sind nähere Erläuterungen nach Absicht, Zweck, Wunsch, Folge und ähnlichen Gedankeninhalten ausgedrückt. Im Deutschen fügen wir bei mit *wie* übersetzten Sätzen Modalverben wie *sollen, wollen, mögen* hinzu oder geben *uti* (auch verkürzt als *ut*) wieder mit *daß, damit, (um ...) zu, so daß.* Auf diese deutschen Konjunktionen folgt der Indikativ, nur in indirekter Rede der Konjunktiv. Die Wiedergabe kann also lauten *wie sie abwandern sollten/möchten* oder *daß sie abwanderten* oder *abzuwandern* oder ohne deutsche Konjunktion *sie sollten abwandern.*

Quod ubi Caesar comperit – omnibus his rebus confectis, quarum rerum causa exercitum traducere constituerat,

ut Germanis metum iniceret, ut Sugambros ulcisceretur,
ut Ubios obsidione liberaret –,

diebus omnino duodeviginti (XVIII) trans Rhenum consumptis, satis et ad laudem et ad utilitatem populi Romani perfectum arbitratus se in Galliam recepit pontemque rescidit.

Worterklärungen

inícere, -cit, -iēcit, -iectum	hineinwerfen, einjagen	trans	jenseits, über ... hin
ulcīsci, -citur, ultus	bestrafen, Vergeltung üben an	consūmere, -mit, -sumpsit, consumptum	zusammennehmen, verbrauchen, ausfüllen
obsídio, obsidiōnis *f*	Belagerung, Bedrohung	ūtílitās, ūtilitātis *f*	Nutzen, Nützlichkeit
		perfícere, -ficit, -fēcit, -fectum	durchführen, vollenden
līberāre	befreien		
omnīno	im ganzen, überhaupt	arbitrāri	sich entscheiden, (be)urteilen, z. Überzeugung kommen
duodēviginti	zwei von zwanzig, achtzehn	rescíndere, -ndit, -scidit, rescissum	zurückschneiden, abreißen

Erläuterungen

11 satis perfectum arbitratus: Dem Partizip Perfekt *arbitratus* (vgl. zu 13_1 *moratus*) gehen zwei Akkusativobjekte voraus; *satis* ist zwar nicht deklinierbar, hat aber die Rolle eines Nomens. Derartige Akkusativverbindungen aus Nomen und Particip sind ähnlich häufig wie *a.c.i.*, und wir bezeichnen sie als *accusativus cum participio* oder abgekürzt als *a.c.p.* Auch in dieser Verbindung formen wir das Partizip meist in eine Personalform um.

a.c.p.

Hinweise

7 quod ubi: 10_{11}
omnibus: K + B (vgl. 9 Schluß)
quarum: K + B (vgl. 6_9 *libertatis causā*)
8 constituerat: Auf welches Subjekt ist diese Form zu beziehen?
9 ut: Welches Modalverb wäre in einem deutschen mit *wie* eingeleiteten Satze anzuwenden? Welche der oben angegebenen Übersetzungsweisen wäre hier vorzuziehen?
iniceret: wird *injikeret* gesprochen als Kompositum zu *iacere–werfen.*
ulcisceretur: 9_1 *proficiscebatur*
10 obsidione: 2_1 *amicitiā*
et: 5_3
11 diēbus: K + B (vgl. 9 Schluß)
12 recepit, rescidit: F! (vgl. 2_7)

Übungen

1. Bilde die Form des Indikativs zu *obtineret, premerentur, demigrarent, deponerent, liberaret.*
2. Bilde nach *comperissent* die gleiche Form zu *dimisisse, demigravisse, deposuisse, convenisse, constituisse.*
3. Bilde zu den genannten Verben den Infinitiv Präsens.

Es dienen also zur Wiedergabe von *a.c.i. / a.c.p.*:
ein Gliedsatz, eingeleitet mit *daß, wie*
ein Hauptsatz, oft mit Konjunktiv indirekter Rede (vgl. 10_{11}),
gelegentlich ein Substantiv (vgl. 12_3).

15

Cäsars zweiter Rheinübergang

Caesar postquam per Ubios exploratores comperit Suebos se in silvas recepisse, inopiam frumenti veritus, quod – ut supra demonstravimus – minime omnes Germani agri culturae student, constituit non progredi longius; sed ne omnino metum reditūs sui barbarīs tolleret atque ut eorum auxilia tardaret, reducto exercitu partem ultimam pontis, quae ripas Ubiorum contingebat, in longitudinem pedum ducentorum (CC) rescindit

Worterklärungen

postquam	später als, nachdem, seitdem	nē	daß nicht, damit nicht
inŏpia, ae *f*	Mittellosigkeit, Mangel	réditus, réditūs *m*	Rückkehr
verēri, verētur, véritus	bedacht sein auf, besorgt sein um, Scheu empfinden, ahnen	bárbarus, a, um	ausländisch sprechend, fremd
		tóllere, tollit –	aufheben, beseitigen
		tardāre	aufhalten, verzögern
suprā	oberhalb, oben	redūcere, -dūcit, -duxit, -ctum	zurückziehen, zurückführen
dēmonstrāre	hinweisen, darlegen	últimus, a, um	äußerster, letzter
minimē	am wenigsten, sehr wenig	contíngere	berühren
		longitūdo, -tūdinis *f*	Länge
agri cultūra	Ackerbau	pēs, pedis *m*	Fuß
prŏgredi, -ditur, gressus	vorwärts gehen, vorrücken	ducenti, ae, a	zweihundert
longus, a, um	lang, weit		

Erläuterungen

1. Pers. Plur.

demonstravimus: in dieser am *-v-* erkennbaren Perfektform ist *-mus* die Personalendung der *1. Person Plural,* die wir deutsch mit *wir* kennzeichnen. Mit der Wahl dieser Personalform schließt der Autor gewissermaßen Hörer und Leser in die Aussage mit ein. Das diesem Indikativ vorausgehende *ut* leitet ebenso wie das deutsche *wie* einen Vergleichssatz ein. 2

longius (vgl. zu 11_2 *seniores* und 10_8 *omnes annos*): den Akkusativ kann man sich verdeutlichen durch den Zusatz (*eine*) *weiter*(*e Strecke*) 3

ne

ne ist die Negation (Verneinung) zu *ut* mit folgendem Konjunktiv. Zur Wiedergabe gebrauchen wir *daß nicht, damit nicht, um ... nicht zu.*

Hinweise

postquam: 10_{11} *quod ubi* 1
Suebos: K + B, SE
veritus: K + B, SE (vgl. zu 13_1 *moratus*). 2
quod: 6_3
reditūs: 1_2 *Galliae* 4
tolleret, tardaret: 14_1
reducto: SE (vgl. 9 Schluß)
quae: K + B (vgl. Tabelle 5) 5
ripas: mit welchem mit *Ufer-* zusammengesetzten Wort könnte man im Deutschen den Plural nachahmen?
pedum: K + B (vgl. Tab. 4) 6
rescindit: F! Vgl. 14_{13}

atque in extremo ponte turrim tabulatorum quattuor constituit praesidiumque cohortium duodecim (XII) disponit magnisque eum locum munitionibus confirmat. Ei loco praesidioque Gaium Volcacium Tullum adulescentem praeficit. Ipse, cum maturescere frumenta inciperent, ad bellum Ambiorigis profectus est.

Ambiorix, rīgis, *Eburonenfürst (Ardennen)*

Worterklärungen

extrēmus, a, um	äußerster, gefährlichster	mūnítio, mūnītiōnis *f*	Verschanzung, Befestigung
turris, is *f*	Turm	praefícere, -ficit, -fēcit, -fectum	zum Vorgesetzten machen, Kommando übertragen
tabulātum, i *n*	Bretterboden, Stockwerk	cum *b. Konj.*	als, da, weil, obwohl, während
quáttuor	vier	mātūrḗscere	reif werden, reifen
duódecim	zwölf	incipere	anfangen
dispṓnere, -nit, -pósuit, -situm	auseinanderstellen, verteilen		

Erläuterungen
cum

9 cum: mit dieser Konjunktion und folgendem Konjunktiv führt der antike Autor Begleitumstände an, die der Leser, insbesondere bei einem Szenenwechsel, bedenken soll. In einem deutschen mit *als* eingeleiteten Temporalsatz und einem mit *da/weil* eingeleiteten Kausalsatz erscheinen diese Umstände durch den Indikativ als Tatsachen. (Zu *cum* mit Indikativ vgl. 7_8)

Hinweise

6 extremo: mit welchem Substantiv kennzeichnen wir die *äußerste (Brücke)*?
turrim: bei einigen Substantiven hat sich das *-i-* der i-Deklination auch im Akk. Sing. erhalten.
7 quattuor, duodecim: 9_2
magnisque: 3_5 *loca*
8 Ei: vgl. Tab. 5; 10_{17} *pugnae*
10 Ambiorigis: 1_2 *Galliae*

Übungen

1. Bestimme Form, Beziehung und Satzglied von Z. 3 *agri culturae, 4 eorum, 5 pontis, 6 pedum, 7 praesidiumque, 8 munitionibus, loco, 9 frumenta.*
2. Stelle die Sinngruppen fest in dem Satz Z. 3–8: *Sed ... confirmat!* (vgl. 9_4 14_1)

16

In dem Bericht über Maßnahmen des Pompeius in Rom lasen wir:
plerisque vero libertas eripitur. Cäsars Bericht hatte dagegen folgenden Wortlaut:

. . . plerisque vero libere decernendi potestas eripitur.

In 15_7 war der genaue Wortlaut statt *praesidium disponit:*
. . . praesidium pontis tuendi causa ponit.

Überfall auf das Winterlager Galbas

Cum dies hibernorum complures transissent frumentumque eo comportari iussisset, subito per exploratores certior factus est ex ea parte vici, quam Gallis concesserat, omnes noctu discessisse montesque, qui impenderent, a maxima multitudine Gallorum teneri.

Worterklärungen

dēcernere, -nit, -crēvit, dēcrētum	entscheiden, sich entschließen	certus, a, um	bestimmt, sicher
tuēri, tuētur	bewahren, bewachen, schützen	certiōrem facere	(gewisser machen) unterrichten, verständigen
hiberna (castra), ōrum *n*	Winter(liches)-Lager	noctū	nachts
eo	dadurch, dahin, dorthin	discēdere, -dit, -cessit, -cessum	auseinander-, weggehen
súbito	plötzlich	impendēre	hineinhängen, schweben, aufragen

Erläuterungen

-nd-Nominalform

decernendi: diese am -nd- erkennbare Nominalform des Verbs dient als Deklinationsform des Infinitivs. Aus dem Infinitiv können wir ein Substantiv und damit eine Nominalform durch Vorsetzen des Artikels: *das Entscheiden* bilden und dementsprechend die Übersetzungskasus. 1

Genusindifferenz der Nominalformen

tuendi ist der Genitiv zu *tueri.* Die *-nd-Formen* sind also wie die Partizipien als Nominalformen genusindifferent (vgl. zu 12_6 *hortantibus,* 13_1 *moratus*). Die Form *tuendi* entspricht einem Adjektiv. Dies können wir nachahmen: *aus dem Grunde der zu schützenden Brücke.* Wie aber *nomen substantivum* und *adiectivum* im Lateinischen nicht scharf unterschieden werden, so besteht auch kein Unterschied zwischen adjektivischer und substantivischer Nominalform, also *wegen des Schutzes,* (*um*) *. . . zu schützen.* 2

impenderent: der Römer empfand, daß Berge in ein Tal hineinragten, wir drücken aus, daß sie aus einem Tal aufragen. 3

Hinweise

liberē: 10_{14} 1
transissent: F! vgl. zu 14_4 *comperissent.*
iussisset: F! SE vgl. zu 12_1.
quam: K + B (Tab. 5) 2
omnes: SE vgl. zu 14 Schluß 3
teneri: F! SE vgl. zu 13_3 4

Id aliquot de causis acciderat, ut subito Galli belli renovandi legionisque opprimendae consilium caperent: primum quod legionem – neque eam plenissimam detractis cohortibus duabus et compluribus singillatim, qui commeatus petendi causa missi erant, absentibus – propter paucitatem despiciebant; tum etiam quod propter iniquitatem loci, cum ipsi ex montibus in vallem decurrerent et tela conicerent, ne primum quidem posse impetum sustineri existimabant. Accedebat, quod suos ab se liberos abstractos obsidum nomine dolebant et Romanos non solum itinerum causa, sed etiam perpetuae possessionis culmina Alpium occupare conari et ea loca finitimae provinciae adiungere sibi persuasum habebant.

Worterklärungen

accídere, áccidit	es fällt an, ereignet sich	sustinēre, -tinet, -tínuit	aus-, aufhalten
renovāre	erneuern, wiederaufnehmen	accédere, -dit, -cessit, -cessum	herangehen, hinzukommen
prīmum	das erste Mal, erstens	ab sē	von sich, von ihm, von ihnen
plēnus, a, um	gefüllt, voll, vollständig	abstráhere, -hit, -traxit, -ctum	wegziehen, verschleppen
dētráhere, -hit, -xit, detractum	abziehen	nōmen, nṓminis *n*	Name, Benennung
		dolēre, dolet, doluit	schmerzen, bedauern
singillātim	einzeln	iter, itíneris *n*	Marsch, Weg, Straße, Reise
absens, absentis	abwesend		
pa'ucitās, paucitātis *f*	Wenigkeit, geringe Zahl	perpétuus, a, um	durchgehend, fortwährend
dēspícere, -cit, -spexit, -ctum	herabsehen, geringschätzen	posséssio, iōnis *f*	Besitz
		culmen, cúlminis *n*	Gipfel
iníquitas, inīquitātis *f*	Unebenheit, Ungunst	persuādēre, -det, -suāsit, -sum	dringend raten, nahelegen
dēcúrrere, -currit, -cursum	hinablaufen	sibi persuāsum habēre	für sich für angeraten halten, überzeugt sein, sich im klaren sein
tēlum, tēli *n*	Wurfwaffe, Geschoß		

Erläuterungen

4 Id: damit wird der Inhalt der Meldung wiederaufgenommen und dann durch den ut-Satz näher erläutert.

6 plenissimam: im Englischen werden Steigerungsstufen durch *more, most* gebildet; im Deutschen können wir den Superlativ ähnlich durch einen Zusatz zu *voll(ständig)* ausdrücken: *ganz vollständig.*

8 cum: dieser Satz erläutert die Worte *propter iniquitatem*; danach ergibt sich die deutsche Konjunktion (vgl. 15_9).

ipsi: Wer ist damit gemeint? Beachte die Eingangsschilderung.

9 decurrerent: welches Modalverb könnte man in der Übersetzung hinzufügen?

10 quod: Der damit eingeleitete Satz ist als das Subjekt zu *accedebat* zu betrachten, vgl. 6_3.

Hinweise

4 renovandi, opprimendae: vgl. zu *tuendi*

6 detractis: SE vgl. zu 9_4 *factis*

compluribus: auf welches Partizip ist dies Wort zu beziehen? (vgl. 12_6 hortantibus)

7 qui: K + B

petendi: Z. 2 *tuendi*

despiciebant: wessen Tätigkeit wird damit beschrieben? (vgl. Z. 4)
tum: dies knüpft an Z. 5 *primum* an. 8
existimabant: SE vgl. 14_{11} 10
suos ab se: vgl. 10_{14}. 12_{7}
abstractos: 14_{12} *perfectum*
obsidum: K + B, vgl. Tab. 4
nomen: für eine unechte „*Bezeichnung*“ können wir ein deutlicheres Wort wählen.
itinerum: K + B, vgl. Tab. 4 11
possessionis: man könnte das vorhergehende *causā* wiederholen.
conari: mit welchem Worte bildet dies einen a.c.i.? 12
provinciae: K + B, vgl. 10_{17} *pugnae*
adiungere: über wessen Tätigkeit waren sich die Gallier im klaren?

Übungen

1. Z. 1 Wozu dient der einleitende *cum*-Satz (vgl. 15_{9})?
2. Z. 2 *quam concesserat* – 3 *qui impenderent* – 8 *quod existimabant* – 9 *cum decurrerent*. Welche unterschiedliche Ausdrucksabsicht ergibt sich aus der Wahl des Modus (vgl. 7_{12}–14_{1}; 6_{3}–15_{9}).
3. Z. 4 *ut . . . caperent:* Deute den Sinn des Modus (vgl. 14_{5})?
4. Z. 6 *plenissimam:* Bestimme die Form; durch welches Zusatzwort könnten wir den Sinn der Form wiedergeben?
5. Bestimme Form und Beziehung von Z. 1 *frumentum, iussisset, 3 montesque 5 consilium, 6 compluribus, 7 commeatus, 9 impetum, 12 culmina, loca*!
6. Das Verständnis längerer lateinischer Sätze wird erleichtert, wenn man sich den Aufbau nach Sinngruppen verdeutlicht:

Id aliquot de causis acciderat,
    ut subito Galli
        belli renovandi legionisque opprimendae consilium caperent:
    primum quod legionem – neque eam plenissimam
        detractis cohortibus duabus
        et compluribus singillatim,
            qui commeatus petendi causa missi erant,
                                    absentibus –
                        propter paucitatem despiciebant;
    tum etiam quod propter iniquitatem loci,
        cum ipsi ex montibus in vallem decurrerent
                et tela conicerent,
    ne primum quidem posse impetum sustineri existimabant.
Accedebat, quod suos ab se liberos
                abstractos nomine obsidum dolebant
            et Romanos non solum itinerum causa,
                        sed etiam perpetuae possessionis
                culmina Alpium occupare conari
                et ea loca finitimae provinciae adiungere
            sibi persuasum habebant.

Erläutere die in den einzelnen Zeilen sich ergebenden Sinngruppen und die Beziehungen der Satzglieder!

17

His nuntiis acceptis Galba, cum neque opus hibernorum munitionesque plene essent perfectae neque de frumento reliquoque commeatu satis esset provisum, quod deditione facta obsidibusque acceptis nihil de bello timendum existimaverat, consilio celeriter convocato sententias exquirere coepit. Quo in consilio, cum tantum repentini periculi praeter opinionem accidisset ac iam omnia fere superiora loca multitudine armatorum completa conspicerentur neque subsidio veniri neque commeatus supportari interclusis itineribus possent, prope iam desperata salute nonnullae huius modi sententiae dicebantur, ut impedimentis relictis eruptione factā isdem itineribus, quibus eo pervenissent, ad salutem contenderent. Maiori tamen parti placuit, hōc reservato ad extremum consilio interim rei eventum experiri et castra defendere.

Worterklärungen

prōvidēre, -videt, -vīdit, -vīsum	voraussehen, vorsorgen	subsídium, i *n*	Hilfe, Reserve
dēdítio, iōnis *f*	Übergabe, Unterwerfung	prŏpe	nahezu, fast
nihil	(nicht eine Faser) nichts	dēspērāre	Hoffnung aufgeben, nicht mehr (er)hoffen
timēre, -et, -uit	besorgt sein, bedenken	sálūs, salūtis *f*	Gesundheit, Wohlergehen, Leben
celériter	schnell	nōn nulli	(nicht niemand) einige, manche
exquírere, -rit, -quīsīvit, exquīsītum	ausfragen, nachforschen	modus, modi *m*	Maß, Art und Weise
tantus, a, um	so groß, solch ein	dícere, -cit, -xit, -dictum	bezeichnen, hinweisen, schildern, sagen, äußern
repentīnus, a, um	plötzlich	ērúptio, ēruptiōnis *f*	Ausbrechen, Ausfall
perículum, i *n*	Probe, Gefahr	pervenīre, -venit, -vēnit, -ntum	durchkommen, gelangen
praeter b. Akk.	außerhalb	māior, māiōris (*zu magnus*)	größer
opínio, iōnis *f*	Ahnung, Erwartung, Meinung, Eindruck	placēre, -cet, -cuit	gefallen, beschließen
praeter opīniōnem	wider Erwarten	reservāre	zurückhalten, vorbehalten
supérior, iōris	oberer, früher, überlegen, höher	ad extrēmum (cāsum)	für den äußersten Notfall
armātus, a, um	bewaffnet, Bewaffneter	ēventus, ēventūs *m*	Ausgang, Erfolg
conspícere, -cit, -spexit, -spectum	erblicken	experīri, expertus	erproben, erfahren

Erläuterungen

-nd-Form beim Objekt

3 nihil timendum: zu *besorgt sein* könnte man als Adjektiv *besorgniserregend* bilden, zu *beachten* : *beachtenswert;* würde man *nihil* vorrangig auf *existimaverat* beziehen (vgl. 10_{12} *facile*), könnte die Übersetzung lauten: *er hielt es in keiner Weise für richtig*; darauf könnte für *timendum* nur der Infinitiv *besorgt zu sein* folgen. Dieser Gebrauch der -nd-Nominalform ist dem a.c.p. vergleichbar.

6 completa: ein a.c.p. ist Objekt eines aktiven oder medialen Verbs (14_{11} *arbitratus,* 17_3 *existimaverat*). Bei passivem Verb erscheint das von dem Vorgang betroffene Glied als Subjekt. Das war schon 10_7 in dem Satze *qui ... habere existimabantur* erkennbar (vgl. 8_7 *patrocinium*). Man nennt diese Erscheinung auch *n.c.i.* oder

n.c.i./p.

n.c.p. (*nominativus cum infinitivo/participio*). Im Deutschen ist jeweils wie beim *a.c.i.* die Umwandlung von Infinitiv und Partizip in eine Personalform zu bedenken (vgl. 14_{11}).

huius modi: wird durch *ut . . . contenderent* näher erläutert, vgl. zu 16_{4} *id.* 8

hoc reservato consilio experiri: *auf Grund des zurückgestellten Planes zu versuchen.* 10 Im Deutschen überwiegt die Nebenordnung, die Koordination: *es gefiel* (*man beschloß*), *zurückzustellen und zu versuchen* (*abzuwarten,* vgl. 10_{15} *hac re delata*).

Hinweise

His: 10_{15} *hac* 1
Galba: 9_{4}
essent perfectae, esset provisum: F! vgl. 6_{3} *erat eiectus,* 7_{1} *esse.* 2
Quo: 7_{12} *qua re*
consilio: 10_{15} *hac* 4
cum: 10_{11} *ubi* 15_{9}
tantum: 10_{13} *satis*
superiora: 12_{7} sua 5
subsidio: 1_{8} *auxilio* 6
veniri, supportari: 12_{1} 7
interclusis, desperata: 9_{4} *factis*
pervenissent: 14_{4} 9
maiori parti: (vgl. Tab. 4) Welches Fremdwort könnten wir gebrauchen?

Übungen

1. Beschreibe Sätze und Satzglieder Z. 1–4! (vgl. 16 Ü 6).
2. Beschreibe den Sinn von Z. 5 *quo in consilio* und den des folgenden *cum*-Satzes!
3. Deute den Tempusunterschied von Z. 8 *dicebantur,* 9 *placuit*!
4. Welcher Sinnunterschied ergäbe sich, wenn Z. 9 *pervenerant* statt *pervenissent* gewählt wäre (vgl. Ü 16 Z. 2. 8.)?

18

Brevi spatio interiecto – vix ut rebus, quas constituissent, conlocandis atque administrandis tempus daretur – hostes ex omnibus partibus signo dato decurrere, lapides gaesaque in vallum conicere. Nostri primo integris viribus fortiter repugnare neque ullum frustra telum ex loco superiore mittere, ut quaeque pars castrorum nudata defensoribus premi videbatur, eo occurrere et auxilium ferre, sed hoc superari, quod diuturnitate pugnae hostes defessi proelio excedebant, alii integris viribus succedebant; quarum rerum a nostris propter paucitatem fieri nihil poterat, ac non modo defesso ex pugna excedendi, sed ne saucio quidem eius loci, ubi constiterat, relinquendi ac sui recipiendi facultas dabatur. Cum iam res esset ad extremum perducta casum, subito omnibus portis erumpunt neque cognoscendi, quid fieret, neque sui colligendi hostibus facultatem relinquunt.

Worterklärungen

brevis, breve	kurz
interícere, -iēcit, -iectum	dazwischenwerfen, einfügen
vix	kaum
administrāre	bedienen, ausführen, verwalten
signum, i *n*	Zeichen, Feldzeichen, Bildnis
lapis, lápidis m	Stein
(gaesum i *n*	gallischer Speer)
prīmō (loco)	an erster Stelle, zuerst
ínteger, integra, um	unberührt, frisch
vīrēs, vírium *f*	Kräfte
fortis, forte	tüchtig, stark, tapfer
repugnāre	Widerstand leisten, widersprechen
ullus, a, um (*zu unus*)	auch nur ein einziger, geringster
frustrā	vergebens
quisque, quaeque, quidque	(wer irgendwie), jeder
nūdāre	entblößen
dēfensor, ōris m	Verteidiger
occúrrere, -currit, -cursum	entgegenlaufen
superāre	überragen, übertreffen, überlegen sein, überleben, überwiegen
superāri	überwunden werden, unterliegen
diutúrnitas, ātis *f*	lange Dauer
dēfessus, a, um	erschöpft
álius, ália, áliud	ein anderer
succédere, -dit, -cessit, -cessum	nachrücken, -folgen
saúcius, a, um	verwundet
consístere, -stit, -stitit	sich hinstellen, haltmachen
sui	seiner, ihrer
facultās, ātis *f*	Fähigkeit, Möglichkeit
cāsus, cāsūs *m*	Fall, Zufall
porta, ae *f*	(Stadt-, Lager-)Tor
ērúmpere, -mpit, -rūpit, -ptum	ausbrechen, Ausfall machen
collígere, -git, -lēgit, -lectum	zusammenholen, sammeln

Erläuterungen

2 decurrere: Wie in 10_2 fehlt die Personalendung. Der Autor schildert zunächst auf beiden Seiten erfolgende Handlungen. Erst als die Lage besser überschaubar wird, folgt auf *hostes defessi* wieder eine Personalform.

Wortstellung

9 cum iam res esset ad extremum perducta casum: Bisher beobachteten wir öfter Umklammerungen wie soeben in Z. 9: *loci, ubi constiterat, relinquendi.* Würde man die zueinandergehörigen Glieder mit *a* und *b* bezeichnen, könnte man die *Wortfolge* skizzieren durch *a b b a*. Hier ist *ad extremum* von der zweiteiligen Form des Plusquamperfekt Passiv umklammert: *esset ... perducta,* aber das Beziehungswort zu *extremum*: *casum* nachgestellt. Von *res* an ergäbe sich eine Skizzierung a a b b a b.

Während bei der Umklammerung die a-Glieder den Hauptsprechton erhalten, ist er hier auf die b-Glieder verlagert. Auf Grund der an den Ausgängen klar erkennbaren Kasusbeziehungen komponierte der römische Autor, der vornehmlich für Hörer schrieb, in erster Linie auf die *Klangwirkung* hin. *Klangwirkung*
sui: in beiden Sprachen wird der Genitiv des Possessivpronomens (*seiner*) auch als 11
Personalpronomen gebraucht; *sui recipiendi* ist der Genitiv zu *se recipere,* vgl. 16_2 *pontis tuendi.*

Hinweise

brevi: 10_{15} *hac* 1
rebus: 10_{17} *pugnae*
constituissent: 14_4 *comperissent*
conlocandis: 16_2 *tuendi*
daretur: 14_3 *premerentur* 2
signo: 9_4 *factis* 6_3 *convocatis*
nostri: 8_4 *nostri* 3
viribus: 2_1 *amicitia* 4_1 *magnis*
fortiter: 12_4 *liberaliter*
nudata: K + B (vgl. 17_6) 5
defensoribus: 2_1 *amicitia*
premi: F! 8_8 *nominari*
superari: Z. 2 *decurrere* und zu 6_5 *concurritur* 6
quod: unterscheide in diesem Satz genau die Kasusbeziehungen! (vgl. 6_3; 10_{12} *facile*)
proelio: 3_2 *agris*
quarum: 7_{12} *qua re* 7
defesso: 10_{13} *castris* 8
excedendi: die -nd-Formen beziehen sich auf *facultas* (*dabatur*).
loci: 16_2 *pontis*
constiterat: F! vgl. 9_2 misit. 9
portis: Z. 6 *proelio* 10
cognoscendi: 16_1 *decernendi*
fieret: 14_1 *possent* 11

11 Ita commutatā fortunā eos, qui in spem potiundorum castrorum venerant, undique circumventos intercipiunt et ex hominum multitudine plus tertiā parte interfectā reliquos perterritos in fugam coniciunt.

Worterklärungen

commūtāre	verändern	intercípere, -cipit, -cēpit, -ceptum	abfangen
fortūna, ae *f*	Schicksal, Glück	plūs, plūris	mehr
potīri, potiuntur, potītus	Herr werden, Macht erwerben, erobern	tértia pars	dritter Teil, Drittel
		perterrēre, -ret, -ruit, -ritum	erschrecken, überraschen

Erläuterungen

12 potiundorum: das *-u-* erscheint bei den sprachgeschichtlich älteren Formen und ist von den Autoren gelegentlich beibehalten; *recipiendi* ist eine vergleichbare jüngere Form.

Ablativ beim Vergleich

13 plus tertia parte: Ablative in Beziehung auf einen Komparativ (*plus*) kennzeichnen den *Ausgangspunkt*, von dem der *Vergleich* ausgeht; im Deutschen stellen wir die Beziehung durch *als* her: *mehr als ein* (*Dritt-Teil*) *Drittel.*

Hinweise

11 commutata: Z. 1 *brevi*
12 spem: 4_3
circumventos: K + B, SE vgl. 9_{12} *relictam*

Übungen

1. Erläutere die unterschiedliche Ausdrucksabsicht zu Z. 1f. *ut . . . daretur,* Z. 4f. *ut . . . videbatur.* (vgl. zu 14_5 *uti*; 15_2)
2. Übersetze mit Adjektiv, Substantiv und Infinitiv *belli renovandi legionisque opprimendae causa*; *rebus conlocandis atque administrandis tempus, loci relinquendi facultas, spes potiundorum castrorum* . . . (vgl. zu 16: -nd-Formen)
3. Bilde verschiedene Übersetzungen nach 9 Schluß zu *deditione facta, obsidibus datis, impedimentis relictis, eruptione facta.*
4. Übersetze durch Substantiv *frumentum comportari, subsidio veniri; detractis cohortibus; commutata fortuna.*
5. Übersetze passivisch und medial *pars premi videbatur; superari.*
6. Deute den Sinn des Modus in Z. 1 *constituissent, 5 videbatur*!
7. Deute den Sinn des Tempus Z. 9 *datur, 10 erumpunt*!
8. Bilde Hauptsätze aus Z. 11 *commutata, 12 circumventos*; vergleiche die vorher gebildete Übersetzung mit diesen Hauptsätzen! Welche unterschiedliche Wirkung ergeben die verschiedenen Übersetzungen?

Zur Wiedergabe der *-nd*-Formen dienen also je nach Zusammenhang:
der Infinitiv,
das davon ableitbare Verbalsubstantiv oder -adjektiv,
die auch im Deutschen vorhandene adjektivische -nd-Form mit *zu*

19

Der Häduer Diviciacus vertritt eine romfreundliche, sein Bruder Dumnorix eine romfeindliche Politik; Cäsar hätte daher Anlaß, gegen letzteren vorzugehen:

His omnibus rebus unum repugnabat, quod Diviciaci fratris summum in populum Romanum studium, summam in se voluntatem, egregiam fidem, iustitiam, temperantiam cognoverat; nam ne eius supplicio Diviciaci animum offenderet, verebatur. Itaque prius quam quicquam conaretur, Diviciacum ad se vocari iubet et cotidianis interpretibus remotis per Gáium Valerium Troucillum, familiarem suum, cui summam omnium rerum fidem habebat, cum eo conloquitur;

Worterklärungen

frāter, frātris *m*	Bruder	ánimus, i *m*	Mut, Sinn, Herz, (Unternehmungs-) Geist
stúdium, i *n*	Bemühung, Neigung, Anhänglichkeit, Sympathie	prius quam	früher als, bevor
voluntās, ātis *f*	Wille, Absicht, Bereitschaft	vocāre	rufen
		cotidiānus, a, um	täglich
ēgrégius, a, um	hervorragend, ausgezeichnet	interpres, intérpretis *m*	Dolmetscher
iūstítia, ae *f*	Gerechtigkeit(ssinn)	removēre, -vet, -mōvit, -mōtum	zurückbewegen, entfernen
temperántia, ae *f*	Sinn für Maß, Selbstbeherrschung, Ausgeglichenheit	familiāris, familiāre	zum Haus gehörig, vertraut, gut bekannt
supplícium, i *n*	Sühne, Strafe, Bestrafung	cónloqui, -locūtus	sprechen mit, sich unterhalten
offéndere, -ndit, -nsum	anschlagen, angreifen, beleidigen		

Erläuterungen

ne ... offenderet, verebatur – *daß er nicht verletzte / ihn nicht zu verletzen, darauf war er bedacht.* So deutet Cäsar seine Bemühung. Eine deutsche Wiedergabe *er scheute sich, ihn zu verletzen* würde das aktive Bemühen zu stark zurücktreten lassen. Die Negation wäre in der Personalform *er scheute sich* bereits enthalten. 3

quicquam ist entstanden aus *quidquam*: Im Innern eines Wortes und bei Zusammensetzungen gleichen sich Konsonanten oft aneinander an. Man bezeichnet diese Erscheinung als Assimilation (vgl. 8_6) 4

prius quam conaretur – *eher als er versuchen würde*: an die Stelle der Erwägung einer Möglichkeit setzen wir einen Temporalsatz mit dem Verb im Indikativ: *bevor er etwas unternahm* (vgl. zu 14/15 ut, cum).

Hinweise

his: 10_{13} *castris* 1
quod: welches ist das Beziehungswort? (vgl. 6_3 16_{10} *quod*)
summum: 18_9 *Wortstellung.*
se: 10_{14} *sibi*; 1_9 2
cotidianis: SE vgl. 10_{15} *hac* 5
cui: vgl. Tab. 5 6
omnium: vgl. Tab. 4

simul commonefacit, quae ipso praesente in concilio de Dumnorige sint dicta, et ostendit, quae separatim quisque de eo apud se dixerit. Petit atque hortatur, ut sine eius offensione animi vel ipse de eo causa cognita statuat vel civitatem statuere iubeat.

Worterklärungen

simul	zugleich	sine *b. Abl.*	(sonder) ohne
commonefácere	auffordern, erinnern	offénsio, iōnis *f*	Anstoß, Verletzung
praesens, praesentis	gegenwärtig, anwesend	vel	(wie du willst), vielleicht, oder
osténdere, -dit	entgegenhalten, hinweisen, zeigen	statúere, -it, -ūtum	feststellen, -setzen, bestimmen
sēparātim	getrennt, einzeln		

Erläuterungen

7 ipso: gemeint ist Diviciacus, mit *apud se* Cäsar.
in concilio: in einer Versammlung der Häduerfürsten hatte sich Cäsar über die Verzögerung der Proviantlieferungen beklagt.
sint ist der *Konjunktiv Präsens* zu dem Indikativ *sunt;*

Konj. Perfekt

8 dixerit ist der *Konjunktiv Perfekt* zu dem Indikativ *dixit*; vgl. zu 14_1
petit atque hortatur: Antike Autoren verwenden gern zwei synonyme Ausdrücke (mit ähnlicher Bedeutung), wenn sie eine Sache oder eine Handlung besonders unterstreichen wollen. Man nennt diesen Gebrauch nach griechischem Vorbild *Hendiadyoin* (*eins durch zwei*). Im Deutschen gebrauchen wir meist ein Verb und fügen *dringend, besonders* o. ä. hinzu.

Hendiadyoin

Konj. Präsens

9 statuat, iubeat: beide Formen kennzeichnen durch *-a-* den Konjunktiv Präsens zu den Indikativen *statuit, iubet.* Sie sind bedingt durch das einleitende *ut,* das zu einer Erläuterung zu *petit atque hortatur* überleitet.

Hinweise

7 quae: K + B (Anfang und Ende der Zeile! 1_6 *imperium*)
dicta: F! vgl. zu 3_2 *expulsi*; 12_7 *sua*
8 eius: F! vgl. Tab. 5 und 1_2 *Galliae*

Übungen

1. Bilde Formenreihen zu *cognoverat, conloquitur, petit, hortatur*
2. Übersetze verschiedenartig *Diviciacum ad se vocari iubet* (mit den zu *iubere* angegebenen deutschen Verben)!
3. Übersetze mit Substantiv und mit Gliedsatz *interpretibus remotis, ipso praesente*!
4. *cognoscere* entspricht juristischem *ermitteln, causa* dem *Tatbestand*: Bilde verschiedene Übersetzungen zu *causā cognitā*!
5. Welchen Sinn hätten Z. 7f. die Formen *sunt dicta, dixit?* Warum wählt Cäsar hier die Konjunktive?
6. Bestimme Kasus und Beziehung von Z. 1 *rebus, fratris, 2 studium, 3 supplicio, 4 quicquam, offensione*
7. Bestimme das Satzglied in Z. 1 *unum, 3 animum, 8 petit, 9 ipse!*

Marcus Tullius Cicero erhebt als ehemaliger Quästor Klage über die Amtsführung des Prätors Verres

20

Itinerum primum laborem, qui vel maximus est in re militari, iudices, et in Sicilia maxime necessarius, accipite, quam facilem sibi iste et iucundum ratione consilioque reddiderit! Primum temporibus hibernis ad magnitudinem frigorum et tempestatum vim ac fluminum praeclarum sibi remedium compararat.

Worterklärungen

labor, labōris *m*	Arbeit, Mühe	magnitūdo, magnitū́dinis *f*	Größe
iūdex, iū́dicis *m*	Richter	frīgus, frī́goris *n*	Kälte
iste, ista, istud	der da (der Angeklagte)	tempestās, ātis *f*	Wetter, Gewitter, Unwetter, Zeit
réddere, -dit, -didit, -ditum	versetzen, machen (zu), versehen (mit)	praeclārus, a, um	vorzüglich, berühmt
iūcundus, a, um	erfreulich, angenehm	remédium, i *n*	Abhilfe, Gegenmittel
rátio, iōnis *f*	(Be-)Rechnung, Art und Weise		

Erläuterungen

accipite: durch die Anrede *iudices* ist diese Form des *Imperativs* Plural vorbereitet; 2
die Endung *-te* ist ähnlich der deutschen Form *vernehmt*!

Imperativ

quam – *wie*: Beide Worte werden in beiden Sprachen zur Einleitung von Fragesätzen und anderen Gliedsätzen gebraucht. Der Römer unterstreicht in *indirekten Fragesätzen* die fragende Überlegung durch den Konjunktiv (*reddiderit*).

indirekter Fragesatz

facilem bezieht sich auf das einleitende *laborem*; wenn wir die Wortstellung beibehalten, nehmen wir das Objekt durch das Personalpronomen (*sie*) wieder auf (vgl. 5_{10} *custodem*).

ad magnitudinem frigorum 3
et tempestatum vim
ac fluminum
praeclarum sibi remedium compararat

Außer der Umklammerung wie in der letzten Zeile war bei den antiken Autoren die *Kreuzstellung* beliebt. Verbindungslinien zwischen den gleichartigen Wörtern ergeben das Zeichen für den griechischen Buchstaben *Chi*: *X*; danach hat man diese Kreuzstellung *Chiasmus* genannt.

Chiasmus

comparārat: bei den *-v*-Perfekta gibt es gelegentlich verkürzte Formen, hier anstatt 4
comparaverat.

Kurzform

Hinweise

itinerum: 6_7 *dilectum* 1
maximē: 10_{14} *commode*; 16_6 *plenissimam*
reddiderit: 19_8 *dixerit*, 9_2 *misit* 3
temporibus: 4_5 *postero diē*

Urbem Syracusas elegerat, cuius hic situs atque haec natura esse loci caelique dicitur, ut nullus umquam dies tam magna ac turbulenta tempestate fuerit, quin aliquo tempore eius diei solem homines viderint. Hic ita vivebat, iste bonus imperator, hibernis mensibus, ut eum non facile non modo extra tectum, sed ne extra lectum quidem quisquam videret; ita diei brevitas conviviis, noctis longitudo flagitiis et facinoribus continebatur.

Worterklärungen

ēlígere, -git, -lēgit, -lectum	auswählen	álicui(s), áliquid	irgendwer, -ein, überhaupt ein
situs, sitūs *m*	Lage	sōl, sōlis *m*	Sonne(ngott)
nātūra, ae *f*	Geburt, Wesen, (Natur-)Anlage	ita	derart, so
caelum, i *n*	Himmel, Klima	vívere, -vit, -vixit, victum	leben
nullus, a, um	nicht ein einziger, keiner	mensis, mensis *m*	Monat
umquam	jemals	extra *b. Akk.*	(nach) außerhalb
tam	so sehr	tectum, i *n*	Dach, Haus
turbulentus, a, um	unruhig	lectus, i *m*	Lager, Bett
quīn	wieso nicht, daß nicht, der nicht, ohne daß	brévitās, ātis *f*	Kürze
		convívium, i *n*	Zusammensein, Fest
		nox, noctis *f*	Nacht
		flagítium, i *n*	Schandtat
		fácinus, facínoris *n*	Tat, Untat

Erläuterungen

dicitur

5 hic situs esse dicitur – *diese Lage wird zu sein geschildert.* In einem solchen *n.c.i.* geben wir *dicitur* am einfachsten mit dem Modalverb (*er*) *soll* wieder (vgl. 17_6 zu *completa*).

Konsekutivsatz

hic ... haec ... ut: Im Deutschen stellen wir gegenüber: *so* ..., *daß*/*derart*(*ig*) ..., *daß*. Den damit ausgedrückten Gedanken der *Folge* verbinden wir mit dem Indikativ des Verbs, während der Römer den Gedanken der Folge mit dem Konjunktiv des Verbs kennzeichnet. Der Folgesatz wird auch Konsekutivsatz genannt (vgl. 16_4 *id*).

6 quin (entstanden aus *qui – ne : wieso nicht*?) dient auch zur Einleitung eines Gliedsatzes nach verneintem oder fragendem Hauptsatz. Wir geben es wieder mit *daß* (*nicht*), *ohne zu*.

7 iste bonus imperator – *dieser feine Gouverneur*: *iste* ist eine Verstärkung von *is* (es wird dekliniert wie *ille*) und wird oft in verächtlichem Sinne, besonders in Bezug auf auf einen Angeklagten gebraucht.

8 extra tectum – extra lectum: durch dies Wortspiel sucht Cicero die Wirkung seiner Worte noch zu steigern.

Hinweise

6 fuerit: *dixerit*; 7_1 *esse*

7 viderint: 19_8 *dixerit*

10 continebatur: 5_4 *excitabantur*.

Übungen

Bestimme die Kasus: *magnitudinem, frigorum, tempestatum, vim, praeclarum remedium, magna ac turbulenta tempestate, solem, homines, hibernis mensibus, diei* (*di-e-i*) *brevitas, conviviis*!

21

Ein Aufruf Ciceros gegen Marcus Antonius am 20. 12. 44 im Senat

Nostis insolentiam Antonii, nostis amicos, nostis totam domum: libidinosis, impuris servire, ea summa miseria est summo dedecore coniuncta. Quod si iam – quod di omen avertant! – fatum extremum rei publicae vēnit: quod gladiatores nobiles faciunt, ut honeste decumbant, faciamus nos, principes orbis terrarum gentiumque omnium, ut cum dignitate potius cadamus quam cum ignominia serviamus! Nihil est detestabilius dedecore, nihil foedius servitute.

Worterklärungen

nṓscere, -cit, nōvit, nōtum	kennenlernen, erkennen	gladiātor, ōris *m*	Schwertkämpfer, Gladiator
insoléntia, ae *f*	Ungewöhnlichkeit, Überheblichkeit	nṓbilis, nṓbile	namhaft, berühmt, edel, bekannt
libīdinōsus, a, um	triebhaft, hemmungslos, ausschweifend	honestus, a, um	ehrenhaft
impūrus, a, um	unrein, unanständig	dēcúmbere	niederfallen, unterliegen
servīre	dienen, Sklave sein	nōs (*Nom. Akk.*)	wir, uns
miséria, ae *f*	Erbärmlichkeit, Elend	nōbīs (*Dat. Abl.*)	
dḗdecus, dēdécoris *n*	Unehre, Schande	pótius	eher, lieber
quod si	wenn diesbezüglich/daraufhin	cádere, cadit, cécidit, cāsum	fallen
deus, dei *m*	Gott	ignōmínia, ae *f*	Verletzung des Namens, Unehre, Schande
ōmen, ṓminis *n*	Weissagung, Vorahnung, Vorzeichen	dētestábilis, detestábile	verwünschens-, verabscheuenswert
āvértere, -tit, āversum	abwenden	foedus, a, um	häßlich, scheußlich
fātum, i *n*	(Götter-)Spruch, Schicksal	sérvitūs, servitūtis *f*	Knechtschaft, Sklaverei

Erläuterungen

2. Pers. Plur. · *Anapher* · *Wunsch* · *Personalpronomen*

nostis ist verkürzt aus *novistis*: *-istis* ist die Personalendung der *2. Pers. Plur. Perfekt.* Ein betontes Wort mehrmals zu wiederholen, war ein beliebtes Stilmittel. Eine derartige Wiederaufnahme nennt man mit griechischer Bezeichnung *Anapher*. 1

quod di omen avertant!: Gegenüber der Umklammerung *est . . . coniuncta* wechselt der Autor hier wieder zur *abab*-Stellung (vgl. zu 18_9). Zum Ausdruck dieses Wunsches benötigen wir ein Modalverb: *welche Vorahnung die Götter abwenden mögen / dies . . . mögen . . . abwenden*! Auch *di* ist verkürzt aus *dei* (*de-i* zu *de-us*). 3

quod: Dieser mit *quod* eingeleitete Satz bildet das Objekt zu dem folgenden *faciamus*. Er wird durch den anschließenden *ut*-Satz erläutert (vgl. 6_3; 14_5).

faciamus – (*das*) *wollen auch wir tun*! Nur wenn die Person besonders hervorgehoben werden soll, gebraucht der Römer das *Personalpronomen,* hier *nos – wir*; die Betonung können wir durch *auch* nachahmen. 4

Hinweise

faciamus: 15_2 *demonstravimus*; 19_9 *statuat.* 4
detestabilius: 11_2 *seniores,* 18_{13} *plus* 6

Ad decus et ad libertatem nati sumus; aut haec teneamus aut cum dignitate moriamur! Nimium diu teximus, quid sentiremus; nunc iam apertum est; omnes patefaciunt in utramque partem, quid sentiant, quid velint. Sunt impii cives, sed pro caritate rei publicae nimium multi, contra multitudinem bene sentientium admodum pauci; quorum opprimendorum di immortales incredibilem rei publicae potestatem et fortunam dederunt. Ad ea enim praesidia, quae habemus, iam accedent consules summa prudentia, virtute, concordia, multos menses de populi Romani libertate commentati atque meditati. His auctoribus et ducibus, dis iuvantibus, nobis vigilantibus et multum in posterum providentibus, populo Romano consentiente erimus profecto liberi brevi tempore; iucundiorem autem faciet libertatem servitutis recordatio!

Worterklärungen

decus, décoris *n*	Anstand, Ehre, Zierde	immortālis, e	unsterblich
nāsci, nātus	geboren werden	incrēdíbilis, e	unglaublich
mori, mórtuus	sterben	prudéntia, ae *f*	Voraussicht, Umsicht
nímium	zu sehr, übermäßig	concórdia, ae *f*	Einmütigkeit, Geschlossenheit
tégere, tegit, texit, tectum	be-, verdecken, schützen	commentāri	überdenken, betrachten
quis, quid	wer, was	meditāri	sich besinnen, überlegen
nunc	jetzt, nun (gerade)	auctor, auctōris *m*	Mehrer, Veranlasser, Berater, Bevollmächtigter, Verantwortlicher, Befürworter
apertus, a, um	geöffnet, offen	iuvāre, iuvat, iūvit, iūtum	erfreuen, unterstützen
patefácere, -cit, -fēcit, -factum	aufmachen, (er)öffnen	vigilāre	wachen
vĕlint!	mögen sie wollen!	consentīre, -tit, -sit, -sum	gemeinsam empfinden, einig sein
velle, vult, vóluit	wollen, (tun) lassen	érimus	wir werden sein
ímpius, a, um	gewissen-, rücksichtslos, gottlos	profecto	tatsächlich, wirklich
cáritās, cāritātis *f*	Liebe, Anhänglichkeit	līber, lībera, um	frei
bĕne (*Adv. zu bonus*)	gut, anständig	recordātio, iōnis *f*	Erinnerung
ad modum	bis zum (vollen) Maß, ziemlich, annähernd		

Erläuterungen

7 sumus ist die 1. Pers. Plur. zu *sunt*: *wir sind* (vgl. 15_2).
moriamur: *-mur* ist die Personalendung für die *1. Pers. Plur. Medium/Passiv*

9 velint: Diese Konjunktivform zu *velle* gleicht der Form *sint* (vgl. 19_7). Das *-i-* ist der Rest einer älteren Wunschform, des Optativs (vgl. zu 20_2 *quam*)

Futur

12 accedent: Allein mit dem *-e-* vor der Personalendung läßt der Römer das *Futur* erkennen, das wir im Deutschen mit *werden* umschreiben: (*sie*) *werden herangehen / hinzutreten.*

Ablativgruppen

14 His auctoribus – dis iuvantibus: *Ablativgruppen* werden nicht nur aus *Nomen und Nominalform,* sondern *auch aus zwei Nomina* gebildet: *mit/unter diesen Veran-*

Marcus Antonius

lassern, mit helfenden Göttern formen wir meist zu substantivischen Wendungen um: *auf ihre Veranlassung hin, mit Hilfe der Götter.*

nobis vigilantibus . . .: In der Reihe dieser Umstandsergänzungen der Art und Weise ist erst die letzte Form, *consentiente,* eindeutig Ablativ; *nobis* ist Dativ und Ablativ zu *nos.* Cicero hält seine Rede im Senat und schließt alle Senatoren in seine Aussage ein. 14

erimus: (Der Stamm *es-* von *esse* ist, wie sich ein *-s-* zwischen zwei Vokalen oft zu *-r-* entwickelt hat, zu *er-* geworden) Dies ist die 1. P. Pl. Futur: *wir werden sein.* 15

servitutis: Als *servitus* bezeichnet Cicero die Zeit von Cäsars Diktatur (vgl. 4_3 *spem*). 16

Hinweise

haec: F! Tab. 5 7
sentiremus: 14_1 *possent*; 20_2 *quam* 8
sunt: 7_1 *esse* 9
caritate: zu 4_3 *spem*
opprimendorum: 18_{12} *potiundorum* 11
dederunt: F! vgl. zu 9_2 *misit* 12

quae: K + B 12
summā: K + B 13
menses: 10_8 omnes annos
commentati: 13_1 *moratus*; 19_8 *petit* 14
iucundiorem: vgl. 3_5 *loca*; 5_{10} *senatum* 16
faciet: oben *accedent*.

22

Cäsar verteilt seine Streitkräfte in Gallien

Titum Labienum legatum in Treveros, qui proximi flumini Rheno sunt, cum equitatu mittit. Huic mandat, Remos reliquosque Belgas adeat atque in officio contineat Germanosque, qui auxilio a Gallis arcessiti dicebantur, si per vim navibus flumen transire conentur, prohibeat. Publium Crassum cum cohortibus legionariis duodecim et magno numero equitātūs in Aquitaniam proficisci iubet, ne ex his nationibus auxilia in Galliam mittantur ac tantae nationes coniungantur. Quintum Titurium Sabinum legatum cum legionibus tribus in Unellos mittit, qui eam manum distinendam curet. Decimum Brutum adulescentem classi Gallicisque navibus, quas ex Pictonibus et Santonis reliquisque pacatis regionibus convenire iusserat, praeficit et, cum primum posset, in Venetos proficisci iubet. Ipse eo pedestribus copiis contendit.

Remi, *Kelten bei Reims* – Unelli, *wohnten in der Normandie* – Véneti, *in der Bretagne* – Pictones, *bei Poitiers* – Santoni, *nördlich der Gironde* – Décimus Brutus, *beteiligte sich später an der Verschwörung gegen Cäsar und kämpfte gegen Antonius in Mutina*

Worterklärungen

mandāre	i.d. Hand geben, auftragen	distinēre, -net, -nuit	auseinanderhalten, fernhalten
adīre, -it, -iit, -itum	herangehen	cūrāre	besorgen, sorgen
ádeat (*aus -eiat*)	mag er herangehen	classis, classis *f*	Abteilung, Flotte
officium, i *n*	Dienstleistung, Pflicht	pācāre	vertraglich verpflichten, unterwerfen
nāvis, nāvis *f*	Schiff	cum prīmum posset	(wann zuerst er könnte), möglichst bald
legiōnárius, a, um	zur Legion gehörig		
trēs, tria	drei		
coniúngere, -git, -xit, -ctum	verbinden, verbünden, vereinigen	cṓpiae pedestrēs	Fußtruppen

Erläuterungen
Konj. Präs.

2 ádeat: Das *-a-* vor der Personalendung kennzeichnet wieder den Konj. Präs. Der Infinitiv lautet *adire* und ist aus *ad-eire* entstanden zu denken; der Konjunktiv *adeat* gibt die Erläuterung zu dem vorhergehenden *mandat*. Auch hier verwenden wir ein Modalverb: *er solle* (*herangehen*) *aufsuchen* (vgl. zu 14_1)

4 conentur: in der *a-* Konjugation dient als Kennzeichen für den Konjunktiv Präsens das *-e-*. In 20 folgten die Konjunktive des Imperfekts auf das einleitende Perfekt *cognovit*; hier berichtet Cäsar im Präsens (*mittit, mandat*), darauf sind die konjunktivischen Präsensformen bezogen. Deutsche Konjunktivformen haben keinen Tempuswert. In indirekter Rede genießt der Konjunktiv I (*falls er versuche*) den Vorzug. Diese Form ist aber nicht überall vorhanden; besonders im Plural verwenden wir die des Konjunktivs II (*falls sie versuchten*) oder Modalverben (*falls sie versuchen würden/sollten*).

Germanosque, qui . . . dicebantur, 3
si . . . conentur, prohibeat.

Auch Satzgefüge zeigen gelegentlich die 20_3 beobachtete Kreuzstellung, eine chiastische Ordnung. Man hat diese Art des Satzbaus mit dem Bilde der antiken Rennbahn, der *periodos,* verglichen und nennt einen solchen Satzbau eine *Periode.*

Periode

manum distinendam curet – *er solle die auseinanderzuhaltende Truppe besorgen*; 7
auch hier formen wir die adjektivische Wiedergabe um in das Substantiv (*die Fernhaltung*) oder bilden den Infinitiv: *solle sich bemühen . . . fernzuhalten* (vgl. 17_3).

pacatis: Dies Wort ist abgeleitet von einem Verb *pacisci – sich vertraglich binden*; 9
dazu gehört das Substantiv *pax – Vertrag* (*Friede*). Unser Fremdwort *Pakt* hängt damit zusammen. Für Gallier kam es meist zu einem Vertrag auf Grund einer *deditio* – (*Ergebung*) *Unterwerfung*. Die *pacati – vertraglich Gebundenen* waren also in Wirklichkeit *Unterworfene*; die römische Propaganda wußte jedoch diesen Sinn durch die Wahl des Wortes zu verschleiern.

Hinweise

qui proximi flumini: F! Vgl. 1_5 *proximi* 1
Huic: vgl. Tab. 5 2
dicebantur: 20_5 *dicitur* 3
iubet: 19 Ü 2 5
mittantur: 19_9 *statuat*; 14_3 *premerentur* 6
curet: Z. 4 *conentur*
Decimum . . . classi: K + B (vgl. 18_9) 8
pedestribus: 4_1 *magnis copiis* 10

Übungen

1. Zu *praeficit* lautet der Konjunktiv *praeficiat,* vgl. 21_4 *faciamus.*
Bilde zu den Verbformen dieses Abschnitts die jeweils gleiche Form des Konjunktivs bzw. Indikativs.
2. Beurteile den Sinnunterschied in folgenden Übersetzungen zu
Crassum proficisci iubet, ne nationes coniungantur:
Er läßt/ließ Crassus abmarschieren, damit sich die Stämme nicht verbünden könn(t)en / soll(t)en / konnten.
3. Bestimme Form, Beziehung und Satzglied: Z. 1 *proximi, 3 Germanosque, arcessiti, 6 auxilia, 8 curet, adulescentem.*
4. Deute den Satzbau und die Satzgliedbeziehungen Z. 8–11!
5. Übersetze Z. 9 *iusserat* mit *lassen : anordnen*! (vgl. 19 Ü 2)

23

Überlegungen Cäsars vor dem Rheinübergang

Germanico bello confecto multis de causis Caesar statuit sibi Rhenum esse transeundum. Quarum illa fuit iustissima, quod, cum videret, Germanos tam facile impelli, ut in Galliam venirent, suis quoque rebus eos timere voluit, cum intellegerent et posse et audere populi Romani exercitum Rhenum transire. Accessit etiam, quod pars equitatus Usipetum et Tenctherorum praedandi frumentandique causa Mosam transierat et post fugam suorum se trans Rhenum in fines Sugambrorum receperat seque cum his coniunxerat. Ad quos cum Caesar nuntios misisset, qui postularent, eos, qui sibi Galliaeque bellum intulissent, sibi dederent, responderunt: populi Romani imperium Rhenum finire; si se invito Germanos in Galliam transire non aequum existimaret, cur sui quicquam esse imperii aut potestatis trans Rhenum postularet. Ubii autem, qui uni ex Transrhenanis ad Caesarem legatos miserant, amicitiam fecerant, obsides dederant, magnopere orabant, ut sibi auxilium ferret, quod graviter ab Suebis premerentur; vel, si id facere occupationibus rei publicae prohiberetur, exercitum modo Rhenum transportaret; id sibi ad auxilium spemque reliqui temporis satis futurum: tantum esse nomen apud eos atque opinionem exercitus Romani Ariovisto pulso et hoc novissimo proelio facto etiam ad ultimas Germanorum nationes, uti opinione et amicitia populi Romani tuti esse possint. Navium magnam copiam ad transportandum exercitum pollicebantur.

Zu Z. 3: Accessit, quod illa pars equitatus, quam supra commemoravi Mosam transisse neque proelio interfuisse, post fugam suorum se receperat.

Mosa, *Maas*

Worterklärungen

iūstus, a, um	gerecht, berechtigt, triftig
impéllere, -lit, -pulit, -pulsum	antreiben, verleiten
quŏque	auch
audēre, -det, ausus	gewillt sein, wagen
praedāri	sich mit Beute versehen, Beute machen
frūmentāri	Proviant besorgen
post (*b. Akk.*)	nach, nachher, später
postulāre	fordern
bellum inferre, -fert, -tulit, -lātum	Krieg hereinbringen, beginnen
dḗdere, -dit, -didit, -ditum	übergeben, ausliefern
Cáesare invīto	(mit unwilligem Cäsar:) gegen Cäsars Willen
aequus, a, um	gleich, eben, recht und billig
cur	warum
magn(o) ópere	mit großer Mühe, sehr, dringend
ōrāre	sprechen, bitten
gravis, grave	schwer, (ge)wichtig, heftig
occupátio, iōnis *f*	Beschäftigung
modo	auf eine Weise, irgendwie, nur, eben
transportāre	hinüberschaffen, -bringen
futūrus, a, um	zukünftig
péllere, -lit, pépulit, pulsum	schlagen, (ver)treiben
tūtus, a, um	geschützt, sicher
commemorāre	erwähnen
interesse	dazwischen, dabei sein, unterschiedlich sein

Erläuterungen

Germanico bello: gemeint ist der Krieg gegen die Usipeter und Tenktherer. 1

esse und -nd-Form

statuit sibi . . . esse – *er stellte fest, für ihn sei*: auch hier ist *sei* nicht ausdrucksstark genug; eine Wiedergabe *für ihn bestehe der zu überschreitende Rhein* ist im Deutschen nicht üblich. Wir verwenden daher zur Wiedergabe von *esse* Zusätze und zu der der -nd-Formen immer wieder den Infinitiv: *es sei für ihn richtig / seine Aufgabe, den Rhein zu überschreiten.*

Reflexivpronomen

suorum – *seiner, ihrer*: das alleinstehende reflexive Possessivpronomen können wir durch den Artikel substantivieren (*der Seinen, Ihren*) oder ein Substantiv hinzufügen: *ihrer (Lands-)Leute.* (vgl. 12_7) 6

se invito: in diesem Ausdruck für die Ausgangssituation wird das reflexive Personalpronomen *se* als Ablativ verstanden; es ist auf das in *existimaret* enthaltene Subjekt Cäsar zu beziehen. Die vorläufige Wiedergabe *mit ihm, dem Widerwilligen* formen wir um zu *gegen seinen Willen.* (vgl. 10_{14}; 21_{14}) 9

Partizip Futur

id . . . futurum: Diese Umklammerung ist gebildet aus dem Akkusativ *id* und dem Partizip *futurum,* nach dem das Tempus *Futur* seinen Namen hat. Es ist eine Ableitung zu dem Stamm von *fuit.* Wir formen auch hier das Partizip wie sonst beim *a.c.p.* um in eine Personalform: *das . . . werde sein.* (vgl. 14_{11}) 15

1. Pers. Sg. Perfekt

a.c.i. im Relativsatz

quam . . . commemoravi . . . transisse: *commemoravi* ist die *1. Pers. Sg. Perfekt.* Hier spricht der Autor Cäsar, der sonst über sich selbst in der dritten Person berichtet, einmal von seiner eigenen Person. Dies Prädikat des Relativsatzes können wir im Deutschen nicht mit der Wiedergabe eines *a.c.i.* in Einklang bringen. In einem solchen Fall formen wir den Infinitiv in eine Personalform des Relativsatzes um und fügen das lateinische Prädikat in einem Vergleichssatz ein: *der, wie ich erwähnte, über . . . gegangen war.* (vgl. zu 10_7 *qui habere existimabantur*) 20

Hinweise

transeundum: 22_2 *adeat* 1
Quarum: K + B 7_{12} 2
iustissima: 16_6 *plenissimam*
cum: 15_9
impelli: SE vgl. 10_{11} 5_4 3
suis: K + B vgl. 10_{13} *castris*
timere: SE vgl. 10_{11}
quod: 16_{10} 5
equitatus: F! vgl. 4_1
praedandi: 16_1 *decernendi*
transierat: F! vgl. $1_{4.9}$ 6
cum: 10_{11} *ubi* 7
Germanos: SE vgl. 10_{11} 9
existimaret: 14_3 *premerentur* 10
cur: 20_2 *quam* 10
sui: 18_9 Wortstellung
quicquam: 10_{13} *satis*
postularet: 22_2 *adeat, conentur* 11
uni: 2_2 *primi*
graviter: 12_4 *liberaliter* 13
occupationibus: K + B vgl. 4_1 14
transportaret: 22_2 *adeat*
spem: 4_3 15
eos: Ubier berichten über die Sueben 16
pulso: 10_{15} *delata*
uti: 16_4 *id* 17
navium: 10_{13} *satis* 18

Übungen

1. Bilde drei Übersetzungen zu *ad transportandum exercitum* (vgl. S. 60)
2. Erläutere den Satzaufbau: (vgl. 22 Periode)

Quarum illa fuit iustissima,
quod,
cum videret Germanos tam facile impelli,
ut in Galliam venirent,
suis quoque rebus eos timere voluit,
cum intellegerent
et posse et audere populi Romani exercitum Rhenum transire.

3. Bilde den Indikativ zu *videret, intellegerent, intulissent, postularent, dederent, premerentur*; *misisset, prohiberetur, possint.*
4. Bilde den Konjunktiv zu *coniunxerat, miserant, fecerant, dederant, orabant, pollicebantur.*
5. Erläutere den Satzbau Z. 7–11!
6. Bestimme Form und Beziehung: *Z. 3 rebus, 8 postularent, sibi, dederent, 9 finire, 10 transire, 11 potestatis, uni, 14 prohiberetur, 16 nomen, exercitus, 17 amicitia, 18 navium.*
7. Übersetze Z. 13, wie wenn statt *premerentur* die Form *premebantur* gewählt wäre, und deute den Sinnunterschied!
8. Welchen Sinnunterschied enthalten die Formen Z. 14 *transportaret : prohiberetur?*

Römischer Tempel in Nîmes (Nemausus)

NOVIODUNUM

24

erat oppidum Haeduorum ad ripas Ligeris opportuno loco positum. Huc Caesar omnes obsides Galliae, frumentum, pecuniam publicam, suorum atque exercitus impedimentorum magnam partem contulerat; huc magnum numerum equorum huius belli causa in Italia atque Hispania coemptum miserat. Eo cum Eporedorix Viridomarusque venissent et de statu civitatis cognovissent: Litaviccum Bibracte ab Haeduis receptum – quod est oppidum apud eos maximae auctoritatis –, Convictolitavem magistratum magnamque partem senatus ad eum convenisse, legatos ad Vercingetorigem de pace et de amicitia concilianda publice missos, non praetermittendum instans tantum commodum existimaverunt. Itaque interfectis Novioduni custodibus quique negotiandi aut itineris causa convenerant, pecuniam atque equos inter se partiti sunt, obsides civitatum Bibracte ad magistratum deducendos curaverunt;

Worterklärungen

Liger, Ligeris, *Loire* – Eporédorix, Viridomarus, *Häduer, die zu Vercingetorix übergingen i. J. 52* – Litaviccus, *hatte zum Abfall geraten* – Bibracte, *Hauptstadt der Häduer*

opportūnus, a, um	günstig
hūc	hierher, dahin
pecūnia, ae *f*	Geld
publicus, a, um	Volks-, öffentlich, allgemein, offiziell
conferre, -fert, -tulit, -lātum	zusammenbringen, (hin)bringen
equus, i *m*	Pferd
coémere, -mit, -ēmit, -emptum	zusammen-, aufkaufen
status, statūs *m*	Stand, Zustand
recípere, -pit, -cēpit, -ceptum	zurück-, aufnehmen
conciliāre	vereínigen, gewinnen, vereinbaren
praetermíttere	vorbei-, auslassen
instāre	anstehen, bevorstehen, entgegentreten
cómmodum, i *n*	Vorteil
negōtiāri	Geschäfte betreiben
partīri	teilen
dēdúcere	hinab-, hinführen

Erläuterungen

suorum atque exercitus impedimentorum partem – *von seinem und seines Heeres Gepäck einen Teil*: In dieser Weise könnte man die Wortstellung und die doppelte Genitivbeziehung nachahmen. In diesem Abschnitt sind mehrere enge und weitere Satzgliedbeziehungen zu beachten und die einzelnen Sinngruppen sorgfältig zu untersuchen. 2

interfectis custodibus quique convenerant – *auf Grund der ermordeten Wächter und die zusammengekommen waren*: wie früher beobachtet, lassen wir einem Relativsatz gern ein Demonstrativum vorangehen (vgl. 7_3 *qui . . . habent*); hier: . . . *und derer, die . . . waren.* Zur Verdeutschung vgl. 9 Schluß. 9

loco: 4_1 1
positum: K + B, vgl. 1_7 *habebant*
frumentum: 8_3 *regum* 2
coemptum: *positum*; 9_{12} *relictam* 4
cum: 10_{11} *ubi*; 15_9 *cum*
receptum: 14_{11} 6
quod: 7_{12} *qua re* 6
convenisse: 6_5 *concurritur* 7
praetermittendum: 17_3 *timendum* 9
instans: 12_4 *petentibus*
partiti sunt: F! vgl. 9_1 *proficiscebatur* 11
deducendos: 17_3 *timendum*

oppidum, quod ab se teneri non posse iudicabant, ne cui esset usui Romanis, incenderunt; frumenti quod subito potuerunt, navibus avexerunt, reliquum flumine atque incendio corruperunt. Ipsi ex finitimis regionibus copias cogere, praesidia custodiasque ad ripas Ligeris disponere equitatumque omnibus locis iniciendi timoris causa ostentare coeperunt, si ab re frumentaria Romanos excludere possent. Quam ad spem multum eos adiuvabat, quod Liger ex nivibus creverat, ut omnino vado non posse transiri videretur.

Worterklärungen

iūdicāre	(be-)urteilen, meinen	rēs frūmentária	Lebensmittelversorgung
nē quis	(damit nicht wer) damit keiner	exclū́dere, -dit, -sit, -sum	ausschließen
ū́sui esse	zum/von Nutzen sein	adiuvāre, -vat, -iūvit, -iūtum	erfreuen, unterstützen
āvéhere, -hit, -xit, avectum	wegfahren	nix, nivis *f*	Schnee, Pl. Schneefälle
corrúmpere, -pit, -rūpit, -ruptum	zerbrechen, verderben, bestechen, vernichten	crḗscere, -scit, -vit	wachsen, anschwellen
custōdia, ae *f*	Wache, Bewachung	vadum, i *n*	Watemöglichkeit, Furt
timor, timōris *m*	Besorgnis, Angst		
ostentāre	entgegenhalten, zur Schau stellen		

Erläuterungen

Dativ — *Relativ-/Fragepronomen* — *Indefinitpronomen*

12 oppidum ne cui esset usui Romanis, incenderunt – *damit die Stadt nicht zu welchem Nutzen für die Römer sei/wäre, zündeten sie (sie) an*: Mit *usui Romanis* sind beide Ausdrucksmöglichkeiten des *Dativs* nebeneinander angewandt (vgl. 1_8 *auxilio*, 10_{13} *castris*). Die Form *cui* folgt nebentonig der Konjunktion *ne*. Relativ- und Fragepronomen (*qui* : *quis*) sind in den Deklinationsformen nicht voneinander geschieden, ebenso dient das deutsche *welcher* zugleich als Relativ- und als Fragepronomen; außerdem werden sie in beiden Sprachen in nebentoniger Stellung auch als *Indefinitpronomen* gebraucht (Im Deutschen *welcher* nur alltagssprachlich: *Hast Du Zigaretten? – Ich muß erst welche holen*). Zur Wiedergabe dient der unbestimmte Artikel *ein* oder das Indefinitum *irgendein*; hier kommt als Ersatz für *nicht zu welchem Nutzen* in Frage: *nicht zum Nutzen*.

15 equitatum ostentare coeperunt, si . . . possent – *sie schickten sich an, ihre Reiterei zu zeigen, sofern/falls sie . . . könnten*: auch dieser Konjunktiv *possent* zeigt an, daß eine Deutung zu der Möglichkeit der vorher geschilderten Maßnahme gegeben werden soll. Zur Verdeutschung ist an *um . . . zu* zu denken. Zu *Ipsi . . . cogere* ist zu bedenken, daß durch *ipsi* der Handlungsträger zu *cogere* gegeben ist, und wir können zum ersten Verstehen die Personalform bilden (vgl. 10_2); bei *equitatumque ostentare coeperunt* wird deutlich, daß alle drei durch Infinitive ausgedrückten Handlungen auf *coeperunt* bezogen und dadurch zusammengefaßt werden sollen.

18 vado: Einen Brückenbau hat Cäsar am Rhein unternommen; meistens suchte man im Altertum Furten, an denen ein Fluß überquert wurde.

Hinweise

quod: 23_{20} quam 12
frumenti: 10_{13} *satis* 13
quod: 10_{11} *ubi*
flumine: 4_1 14

iniciendi: 16_2 *tuendi* 16
quod: $16_{10}.7_3$ 17
ut: 20_5 *hic* 18
videretur: 7 Ü 1f.

Übungen

1. Gib die Stammformen an zu folgenden Verbformen: *contulerat, miserat, venissent, cognovissent, receptum, deducendos ...*
2. Bilde eine dreifache Übersetzung zu *de amicitia concilianda* (vgl. S. 60).
3. Deute den Satzaufbau:

Eo cum Eporedorix Viridomarusque venissent
et de statu civitatis cognovissent:
Litaviccum Bibracte ab Haeduis receptum
– quod est oppidum apud eos maximae auctoritatis –,
Convictolitavem magistratum
magnamque partem senatus ad eum convenisse,
legatos ad Vercingetorigem de pace
et de amicitia concilianda publice missos,
non praetermittendum instans tantum commodum existimaverunt.

4. Bilde verschiedene Übersetzungen zu Z. 1 *positum, 4 coemptum, 12 curaverunt*!
5. Deute Form und Beziehung: Z. 6 *receptum, auctoritatis* (vgl. 23_1 *statuit*), *7 magistratum, 8 missos, 11 partiti sunt, 13 frumenti, 14 reliquum, flumine, 16 locis, 17 multum* (vgl. 7_{14}), *quod creverat* (vgl. 7_3).
6. Welche Besonderheit des Satzbaus ist zu ersehen: Z. 12f. *oppidum ... incenderunt*? (vgl. 22_3)
7. Welche Wirkung erzielt der Autor Z. 13 durch Voranstellung des Wortes *frumenti*? (vgl. 1_7)

Pont du Gard
(Aquädukt)

25

Quintus Titurius Sabinus legatus

cum iis copiis, quas a Caesare acceperat (Vgl. 22_7), in fines Unellorum pervenit. His praeerat Viridovix ac summam imperii tenebat earum omnium civitatum, quae defecerant, ex quibus exercitum magnasque copias coegerat; atque his paucis diebus Aulerci senatu suo interfecto, quod auctores belli esse nolebant, portas clauserunt seseque cum Viridovice coniunxerunt. Magnaque praeterea multitudo perditorum hominum latronumque undique convenerat, quos spes praedandi studiumque bellandi ab agri cultura et cotidiano labore revocabat. Sabinus idoneo omnibus rebus loco castris se tenebat, cum Viridovix contra eum duorum milium spatio consedisset cotidieque productis copiis pugnandi potestatem faceret, ut iam non solum hostibus in contemptionem Sabinus veniret, sed etiam nostrorum militum vocibus non nihil carperetur; tantamque opinionem timoris praebuit, ut iam ad vallum castrorum hostes accedere auderent. Id ea de causa faciebat, quod cum tanta multitudine hostium, praesertim eo absente, qui summam imperii teneret, nisi aequo loco aut opportunitate aliqua data, legato dimicandum non existimabat.

Aulerci, *Stamm zwischen Loire und Seine*

Worterklärungen

praeesse, -est, -erat, -fuit	(davor sein), befehligen	mília, mílium	tausende, Meilen
dēfícere, -cit, -fēcit, -fectum	schwächen, schwinden, verlassen, abfallen	cotídiē	täglich
nōlle, nōn vult, nōluit (velle)	nicht wollen, ablassen	prōdúcere, -cit, -xit, -ctum	vor-, herausführen
claúdere, -dit, -sit, -sum	schließen	pugnāre	kämpfen
praetéreā	außerdem	contémptio, iōnis *f*	Verachtung, Geringschätzung
sēsē (*verstärktes sē*)	sich, ihn	míles, mílitis *m*	Soldat
bellāre	Krieg führen	cárpere, -pit, -psit, -ptum	rupfen, pflücken, angreifen
latro, ōnis *m*	Söldner, Bandit	praebēre, -bet, -buit, -bitum	vorhalten, dar-, anbieten, beweisen, zeigen, erwecken
revocāre	zurück-, abrufen	praesertim	zumal, besonders
idóneus, a, um	geeignet	opportūnitās, ātis *f*	günstige Gelegenheit
castrīs sē tenēre	(sich durch die Lageranlage halten) im Lager bleiben	dīmicāre	durcheinanderblitzen, kämpfen

Erläuterungen

cum

8 cum . . . contra . . . consedisset – *als gegenüber sich gelagert hatte*: Die Gegenüberstellung enthält zugleich einen Gegensatz. Diesen drücken wir im Deutschen oft durch die Konjunktion *während* aus.

11 non nihil – *nicht keineswegs/wenig*: doppelte Negationen waren bei antiken Autoren ein beliebtes Stilmittel der Schlichtheit und Zurückhaltung. Auch mit schlichtem *das ist mir nicht unbekannt* u. ä. kann mehr ausgesagt sein als mit *genau bekannt*.

Litotes

Man bezeichnet diese Ausdrucksweise mit dem griechischen Wort *Litótēs* (Schlichtheit); sie dient auch zu bewußter Untertreibung.

Hinweise

earum: 1_2 *Galliae* 2
quibus: 7_{12} *quare* 3
his: 4_5 *postero die*
interfecto: 9 Ü Schluß 4
rebus: 10_{13} *castris* 8
loco: 4_1

hostibus: 10_{13} *castris* 10
absente: 9 Ü Schluß, 12_4 13
teneret: 14_1 *possent*
data: 9 Ü Schluß 14
legato: 23_1 *statuit*
17_3 *timendum*

Übungen

1. Z. 3 *exercitum* (gebildet zu *exercēre – üben*) *magnasque copias*: welcher Bedeutungsunterschied besteht zwischen diesen Synonyma (sinnverwandten Wörtern)?
2. Gliedere den Satzbau Z. 5ff. in der zu 24 Ü dargestellten Weise.
3. Bilde den Konjunktiv zu *praeerat, tenebat, acceperat, defecerant, coegerat, convenerat, revocabat, existimabat, faciebat.*
4. Bilde das Präsens zu *clauserunt, coniunxerunt, praebuit*
5. Bilde den Indikativ zu *consedisset, faceret, auderent, teneret, venirent*
6. Bestimme Form und Beziehung Z. 2 *civitatum, 5 seseque, 6 spes, 9 purgandi, 11 militum!*
7. Bilde verschiedene Übersetzungen zu Z. 4 *senatu interfecto, auctores belli, 7 studium bellandi, 9 productis copiis, 11 opinio timoris, 14 opportunitate aliqua data!*
8. Deute das Tempus der Prädikate Z. 2–4. 6–8. 12–14 im Vergleich zu Z. 1 *pervenit, 5 clauserunt, coniunxerunt, 11 praebuit!*

Curia (Senatsgebäude) vgl. S. 35

26

Aus einem Brief Ciceros aus dem Jahre 60

In re publica nunc quidem maxime GALLICI BELLI versatur metus. Nam Haedui, fratres nostri, pugnam nuper malam pugnarunt, et Helvetii sine dubio sunt in armis excursionesque in provinciam faciunt. Senatus decrevit, ut consules duas Gallias sortirentur, dilectus haberetur, vacationes ne valerent, legati cum auctoritate mitterentur, qui adirent Galliae civitates darentque operam, ne eae se cum Helvetiis coniungerent. Legati sunt Quintus Metellus Creticus et Lucius Flaccus. Atque hoc loco non queo praeterire, quod, cum de consularibus mea prima sors exisset, una voce senatus frequens retinendum me in urbe censuit. Hoc idem post me Pompeio accidit, ut nos duo quasi pignora rei publicae retineri videremur.

Helvetii, *Kelten am Genfer See, Rhein und Rhône* – duae Galliae, *Oberitalien und die Provinz um Narbo*

Worterklärungen

quidem	zwar, jedenfalls, allerdings	praeterīre, -it, -iit, -itum	vorbei-, übergehen
versāre	hin und her wenden, beunruhigen med.: sich aufhalten	consulāris, is *m*	ehemaliger Konsul, einem Konsul zukommend, konsularisch
nūper	neuerdings, neulich		
mălus, a, um	schlecht, erfolglos	meus, a, um	mein (eigener)
excúrsio, iōnis *f*	Ausfall, Streifzug	sors, sortis *f*	Los, Schicksal
sortīri	durch Los entscheiden, auslosen	exīre	herausgehen
		frequens, frequentis	häufig, zahlreich
vacātio, iōnis *f*	Befreiung, Urlaub	retinēre, -net, -nuit	zurück(be)halten, festhalten
ópera, óperae *f*	Mühe, Arbeit		
dare óperam	Mühe hingeben, sich Mühe geben	mē *Akk.+Abl.*	mich
		censēre, -set, -suit, -sum	abschätzen, meinen
lēgāre	(durch Gesetz) beauftragen	pignus, pígnoris *n*	Pfand, Bürgschaft
nōn queo (nequeo)	ich kann nicht		

Erläuterungen

2 pugnarunt ist verkürzt aus *pugnáverunt*. Dieselbe Form wurde meist *pugnāvērunt* gesprochen und gelegentlich zu *pugnāvēre* verkürzt.

3 duas Gallias: das Keltenland wurde als *Gallia citerior* (Norditalien) und *ulterior* (jenseits der Alpen: die heutige Provence) unterschieden.

7 exisset: ist kontrahiert (zusammengezogen) aus *exi-isset* (vgl. 16_1 *transisssent*; 22_2).

Hinweise

1 maximē: 10_{14} *commodē*
belli: 1_2 *Galliae*
5 adirent: 22_2 *adeat*
eae: vgl. Tab. 5
prima: 2_2
8 retinendum: vgl. 17_3 *timendum*
9 ut: 16_4 *id*; 20_5
videremur: 21_7 *moriamur*

27

Stellungnahme des Konsuls Cicero zu den Bestrebungen Catilinas im Jahre 63

Quae cum ita sint, patres conscripti, vobis populi Romani praesidia non desunt: vos ne populo Romano deesse videamini, providete! Habetis consulem ex plurimis periculis et insidiis atque ex media morte non ad vitam suam, sed ad salutem vestram reservatum. Omnes ordines ad conservandam rem publicam mente, voluntate, voce consentiunt. Obsessa facibus et telis impiae coniurationis vobis supplex manūs tendit patria communis; vobis se, vobis vitam omnium civium, vobis arcem et Capitolium, vobis aras Penatium, vobis illum ignem Vestae sempiternum, vobis omnium deorum templa atque delubra, vobis muros atque urbis tecta commendat.

Capitolium, *höchste Erhebung Roms* – Penates, *Schutzgötter für Haus und Hof* – Vesta, *Göttin des Herdfeuers*

Worterklärungen

patrēs conscripti	(als Stadt-‚Väter‘ Eingetragene) Senatoren	fax, facis *f*	Fackel
vōs (*Nom. u. Akk.*); vōbīs (*Dat./Abl.*)	ihr, euch	coniūrátio, iōnis *f*	Verschwörung
deesse, -est, -erat, -fuit	wegsein, fehlen, versagen	supplex, súpplicis	versöhnlich, flehend, gefällig
insídiae, arum *f*	(Hinsetzen zum) Überfall, Anschlag	téndere, -ndit, -ntum	strecken, spannen
mors, mortis *f*	Tod	arx, arcis *f*	Burg
vīta, vitae *f*	Leben	āra, ae *f*	Altar
vester, vestra, vestrum	euer	ignis, ignis *m*	Feuer
conservāre	bewahren, retten	sempiternus, a, um	immerwährend
mens, mentis *f*	Verstand, Sinn, Gesinnung	templum, i *n*	heiliger Bezirk, Tempel
		dēlūbrum, i *n*	Ort der Reinigung, Heiligtum
		mūrus, i *m*	Mauer
		commendāre	anempfehlen

Erläuterungen

patres: Romulus soll die Namen von hundert Bürgern als *patres* auf goldene Täfelchen haben eingravieren lassen. Später führte der Censor auf einer weißen Tafel (*album*) die Senatorenliste. 1

2. Pers. Pl. Med./Pass. — videamini: *-mini* ist die Personalendung der *2. Pers. Pl. Medium/Passiv*: *ihr sollt (nicht) scheinen/angesehen werden*; zur Verdeutschung könnte dienen *erweckt (nicht) den Eindruck*! 2

Aktiv — habetis: *-tis* ist die Personalendung der *2. Pers. Plur. Aktiv.*

ordines: man unterschied den *ordo senatorius – Senatorenstand, ordo equester – Ritterstand*: beide Gruppen standen als die *nobilitas – der Adel* der *plebs* (*plebes*) – der *Masse des Volkes* gegenüber. 4

obsessa – *belagert/bedroht*: diese Perfektpartizipien haben passiven Sinn. Vgl. 16_2 2_2 primi; 17_6 completa 5

Hinweise

quae: K + B, Tab. 5 1
sint: 19_7
ne: 15_3 2
reservatum: 1_7 *habebant*, 14_{11} 4
mente: 8_3 *regum*
vobis: 21_1 *nostis* 5

Praeterea de vestra vita, de coniugum vestrarum et liberorum anima, de fortunis omnium, de sedibus, de focis vestris hodierno die vobis iudicandum est. Habetis ducem memorem vestri, oblitum sui; quae non semper facultas datur; habetis omnes ordines, omnes homines, universum populum Romanum – id quod in civili causa hodierno die primum videmus –, unum atque idem sentientem. Cogitate, quantis laboribus fundatum imperium, quanta virtute stabilitam libertatem, quanta deorum benignitate auctas exaggeratasque fortunas una nox paene delerit. Id ne umquam posthac non modo confici, sed ne cogitari quidem possit a civibus, hodierno die providendum est. Atque haec, non ut vos, qui mihi studio paene praecurritis, excitarem, locutus sum, sed ut mea vox, quae debet esse in re publica princeps, officio functa consulari videretur.

Worterklärungen

cóniugēs, um *f*	(Ehe-)Frauen
ánima, ae *f*	Atem, Seele, Leben
fortūnae, arum *f*	(was das Schicksal bringt:) Vermögen, Besitzungen
sēdēs, sēdis *f*	Sitz, Wohnsitz
fŏcus, foci *m*	Herdfeuer, Herd
hodiérnus, a, um	heutig
memor, mémoris	gedenkend, erinnernd
oblīvīsci, -itur, oblītus	vergessen
cīvīlis, civile	bürgerlich, innenpolitisch
cōgitāre	(zusammenfassen) bedenken
quantus, a, um	wie groß, welch ein, wieviel
fundātus, a, um	gegründet
stabilīre	festigen
benígnitās, ātis *f*	Güte
exaggerāre	aufhäufen
dēlēre, -let, -lēvit, -lētum	tilgen, vernichten, zerstören
posthāc	hiernach, später
mihi	mir, für mich
praecúrrere	vorauslaufen
loqui, lóquitur, locūtus	sprechen
dēbēre, -bet, -buit, -bitum	davon haben, verpflichtet sein, müssen, verdanken
fungi, fúngitur, functus	befaßt sein (mit), verrichten, erfüllen

Erläuterungen

14 quantis: Cicero gebraucht in dieser Rede wiederholt die Anapher (vgl. 21_3), um eine besonders eindringliche Wirkung zu erzielen. Zu beachten ist, daß hier der Umfang der aufeinander folgenden Glieder zunimmt. So erreicht der Sprecher mit dem Worte *fortunas* einen rhetorischen Höhepunkt und bricht mit den anschließenden Worten überraschend ab. Dem römischen Hörer erschienen die Partizipien wie Attribute: *Bedenkt, ein mit wieviel Mühen gegründetes Reich . . . eine einzige Nacht beinahe vernichtet hat/hat vernichten können.* Statt dessen bilden wir aneinandergereihte Fragesätze, in denen die Partizipien wieder Personalformen werden; vor dem letzten Gliede müssen wir natürlich ein *wie* einfügen. Mit dem Worte *beinahe* verbinden wir meist nicht den Ausdruck der Möglichkeit, sondern lassen den Gedanken irreal wirken: . . . *beinahe vernichtet hätte.*

16 dēlērit ist verkürzt aus dēlēverit

1. Pers. Sing.

18 excitarem; sum: Auslautendes -m oder -o (vgl. 26_6 queo) kennzeichnen die 1. Pers. Singular des Verbs. Damit sind alle Personalformen vorgekommen. Sie erscheinen noch einmal in der Tabelle (s. Einlage); *locutus sum - ich habe gesprochen.*

Hinweise

iudicandum: 23_1 *sibi esse* 11
memorem: 4_3 *spem*
quae: K + B, 7_{12} *qua re*
sentientem: K + B vgl. Z. 4 *reservatum* 14

cogitate: 20_2 *accipite* 14
haec: K + B Tab. 5 17
studio: 4_1 18
praecurritis: Z. 2 *habetis*

Übungen

1. Skizziere nach 24 Ü den Satzbau der Zeilen 17 ff. *Atque* . . . und versuche die rhetorische Absicht dieses Satzbaues zu deuten!
2. Bestimme Form und Beziehung Z. 2 *populo, 3 insidiis, 5 obsessa, 6 manus, 8 omnium, 11 vobis, oblitum, 12 omnes, 14 sentientem, quanta, 15 auctas, 19 quae.*
3. Bestimme als Satzglied Z. 6 *supplex, 8 templa, 9 coniugum, 17 hodierno die, 18 studio, 19 princeps, functa!*
4. Bilde den Infinitiv Präsens zu Z. 1 *desunt, 2 videamini, 5 consentiunt, 6 tendit, 9 commendat, 12 datur, 13 videmus, 16 delerit, 18 praecurritis, excitarem, locutus sum, functa!*
5. Wie bezeichnet man den mehrfachen Gebrauch eines Wortes wie Z. 6–8 *vobis, 10 de, 14 quantis*: Welche Wirkung beabsichtigt der Sprecher? (vgl. 21_1).
6. Unterscheide Z. 16 das zweimalige *ne* (vgl. 15_3 4_{10}).

Capitolium

28

Vorbereitungen für die Expedition nach Britannien

Exiguā parte aestatis reliquā Caesar, etsi in his locis, quod omnis Gallia in septentriones vergit, maturae sunt hiemes, tamen in Britanniam proficisci contendit, quod omnibus fere Gallicis bellis hostibus nostris inde subministrata auxilia intellegebat et, si tempus anni ad bellum gerendum deficeret, tamen magno sibi usui fore arbitrabatur, si modo insulam adisset, genus hominum perspexisset, loca, portus, aditūs cognovisset. Quae omnia fere Gallis erant incognita. Neque enim temere praeter mercatores adit ad illos quisquam, neque iis ipsis quicquam praeter oram maritimam atque eas regiones, quae sunt contra Galliam, notum est. Itaque evocatis ad se undique mercatoribus, neque quanta esset insulae magnitudo neque quae aut quantae nationes incolerent neque quem usum belli haberent aut quibus institutis uterentur neque qui essent ad maiorum navium multitudinem idonei portūs, reperire poterat.

Worterklärungen

exíguus, a, um	(ausgetrieben), klein	perspícere, -cit, -spexit, -ctum	durchschauen, überblicken, untersuchen
aestās, ātis *f*	Sommer	incógnitus, a, um	unbekannt, unerforscht
etsi	und wenn, wenn auch	témerē	unbedacht, planlos
septentriōnēs, um *m*	Siebengestirn, Norden	mercātor, ōris *m*	Kaufmann
vérgere	sich neigen, liegen	ōra marítima	Meeresküste
mātūrus, a, um	reif, frühzeitig	nōtus, a, um	bekannt
híems, híemis *f*	Winter, Sturm	ūsus, ūsūs *m*	Gebrauch, Nutzen, Erfahrung
subministrāre	bieten, leisten, unterstützen,	institūtum, i *n*	Einrichtung, Brauch
fōre	werden, sich entwickeln, sich auswirken	ūti, ūtitur, ūsus	Gebrauch machen, benutzen
ínsula, ae *f*	Insel	reperīre, -rit, réppe-rit, repertum	entdecken, finden
genus, géneris *n*	Geschlecht, Art		

Erläuterungen

Ablativgruppen: Vorgang/Zustand

1 reliquā: Während die Ablativgruppen mit Perfektpartizip zumeist einen Vorgang als Ausgangssituation schilderten, weist Cäsar mit dem Adjektiv *reliqua* (vgl. 21_{14}) auf einen bestehenden Zustand hin (vgl. 7_8 *divisae sunt*). Für die Wiedergabe ist es oft praktisch, aus derartigen Anfangsgliedern zunächst einen Hauptsatz zu formen, um der im Lateinischen häufigen Schachtelung zu entgehen. In diesem Abschnitt müssen die einzelnen Sinngruppen besonders genau beachtet werden (vgl. zu 18 Wortstellung und 22 Periode).

fore

4 magno sibi usui fore – *es wirke sich für ihn zu großem Nutzen aus*: der Infinitiv Präsens *fore* gehört zu der Personalform *fuit*. Diese war wie *statuit* im Präsens und Perfekt gleichlautend. Die Präsensformen sind durch die von *esse* verdrängt worden. Auch zu *gewesen* gibt es keine Präsensformen mehr (zu *usui* vgl. 24_{13}).

5 adīsset – *wenn er herangegangen wäre* (vgl. zu 26_7). Cäsar stellt sich dies als bereits vollendet vor. Im Deutschen sprechen wir meist eine gegenwärtige Erwägung aus:

wenn er (*einmal*) *herankäme*. Der Konjunktiv als Ausdruck einer Möglichkeit ist beiden Sprachen gemeinsam (vgl. 14_4).

reperire poterat: dies Prädikat läßt Cäsar der Ankündigung mit *neque* erst sehr viel später folgen. Wenn wir, wie oben zu *reliqua* vorgeschlagen, aus *evocatis* zunächst das Prädikat eines Hauptsatzes formen, können wir die durch die Vielfalt der Fragen erhöhte Spannung nachahmen. Eine derartige Steigerung bezeichnet man mit dem griechischen Worte als *Klimax* (vgl. 27_{14} zu *quantis*). 12

Klimax

Hinweise

etsi: Welches Wort ist Prädikat dazu (vgl. 18_9) 1
bellis hostibus: K + B, SE vgl. 4_1; 10_{13} *castris* 3
subministrata: 14 Ü Schluß
deficeret: 14_3 4
quae: 7_{12} *qua re* 6
maiorum: 5_4 *ad* 11

Immer wieder kommen in lateinischen Texten *a.c.i., a.c.p.* und *Gliedsätze mit Konjunktiven* vor. Die Wiedergabemöglichkeiten müssen immer wieder vielfältig angewandt werden, um im Einzelfalle die für die deutsche Stilistik günstigste Wiedergabe treffen zu können. Es ist ferner eine gute Übung, bei den Verbformen Singular und Plural sowie Indikativ und Konjunktiv auszutauschen, auch bei den Nomina Singular und Plural.

Übungen

1. Bestimme Form, Beziehung und Satzglied: Z. 1 *Caesar, 2 maturae, 3 bellis, hostibus, 4 tempus, 5 genus, 6 omnia, 7 quisquam, quicquam, 9 quanta.*
2. Beschreibe den Satzbau Z. 1–6 (vgl. 24 Ü 1)
3. Welchen Hinweis bieten die Längungszeichen Z. 1,12?
4. Worauf bezieht sich Z. 3 *subministrata,* welche syntaktische Erscheinung liegt vor?
5. Handschriften haben Z. 11 *maiorem:* welcher Sinnunterschied bestände? Warum ist der Sinn der Lesart *maiorum* wichtiger?

29

Dumnorix (Vor der Expedition nach Britannien)

Equitatus totius Galliae convenit principesque ex omnibus civitatibus. Ex quibus perpaucos, quorum in se fidem perspexerat, relinquere in Gallia, reliquos obsidum loco secum ducere decreverat, quod, cum ipse abesset, motum Galliae verebatur. Erat ūnā cum ceteris Dumnorix Haeduus, de quo a nobis antea dictum est. Hunc secum habere in primis constituerat, quod eum cupidum rerum novarum, cupidum imperii, magni animi, magnae inter Gallos auctoritatis cognoverat. Accedebat huc, quod iam in concilio Haeduorum Dumnorix dixerat sibi a Caesare regnum civitatis deferri; quod dictum Haedui graviter ferebant neque recusandi aut deprecandi causa legatos ad Caesarem mittere audebant. Id factum ex suis hospitibus Caesar cognoverat. Ille omnibus primo precibus petere contendit, ut in Gallia relinqueretur, partim quod insuetus navigandi mare timeret, partim quod religionibus impediri sese diceret. Posteaquam id obstinātē sibi negari vidit, omni spe impetrandi adempta, principes Galliae sollicitare, sevocare singulos hortarique coepit, uti in continenti remanerent; metu territare: non sine causa fieri, ut Gallia omni nobilitate spoliaretur; id esse consilium Caesaris, ut, quos in conspectu Galliae interficere vereretur, hos omnes in Britanniam traductos necaret; fidem reliquis interponere, ius iurandum poscere, ut, quod esse ex usu Galliae intellexissent, communi consilio administrarent. Haec a compluribus ad Caesarem deferebantur.

Worterklärungen

perpauci, ae, a	sehr wenige
sēcum	mit sich
dū́cere, -cit, -xit, ductum	ziehen, anführen, halten für
abesse, -est, -erat, āfuit	abwesend sein, fern sein
mōtus, mōtūs *m*	Bewegung, Unruhe
cḗteri, ae, a	die anderen
ánteā	vordem, früher
in prīmīs	unter den ersten, besonders
cúpidus, a, um	begierig, bestrebt, interessiert
res novae	Neuerungen, Änderung der polit. Verhältnisse
recusāre	Gegengründe anführen, ablehnen
dēprecāri	abbitten, sich entschuldigen, bitten, . . . nicht . . .
factum, i *n*	Getanes, Tat, Tatsache
hospes, hóspitis *m*	Gast, Bekannter, Freund
precēs, precum *f*	Bitten
partim	teilweise, teils
insuētus, a, um	nicht gewöhnt, ungewohnt
nāvigāre	segeln, zur See fahren
mare, maris *n*	Meer
relígio, iōnis *f*	Religion, Sammlung Pl. religiöse Bedenken
impedīre	behindern, aufhalten
obstinātē	hartnäckig
negāre	ablehnen, verweigern, behaupten, daß nicht
impetrāre	durchsetzen, erreichen
adímere, -imit, -ēmit, -emptum	an sich nehmen, wegnehmen
sollicitāre	völlig erregen, aufhetzen
sēvocāre	beiseite rufen
continens (terra)	zusammenhängend, Festland
remanēre, -net, -nsit, -nsum	zurückbleiben

territāre	erschrecken, terrorisieren	fidem interpṓnere	Treue einsetzen, sein Wort geben 15
spoliāre	abnehmen, entkleiden, berauben	iūs iūrandum	zu beschwörendes Recht, Eid
conspectus, conspéctūs *m*	Anblick, Blickfeld	póscere, -scit, poposcit	fordern
necāre	töten, hinrichten	est ex ūsū	es ist von Nutzen

Erläuterungen

convenit: Diese Singularform folgt dem singularischen vorhergehenden Subjekt. Mit Rücksicht auf den folgenden Plural *principesque* könnte man bei der Wiedergabe auch die pluralische Personalform wählen. Man bezeichnet diese Übereinstimmung von Subjekt und Prädikat als *Kongruenz*. 1

Kongruenz

eum magni animi cognoverat – *er hatte ihn* (*als*) *von großem Mut/Tatendrang kennengelernt*. Im Deutschen fügen wir zu dem Genitiv gern ein Beziehungswort hinzu: . . . *als Mann von* . . . (vgl. zu 5_{10} *custodem*) 6

dictum – factum: Das *Perfektpartizip* kann wie das Adjektiv (vgl. 2_3 *finitimi*) auch die Rolle eines *Substantivs* übernehmen. Im Deutschen können wir den Artikel anwenden oder ein Substantiv bilden: *das Gesagte – diesen Ausspruch, das Gemachte – diesen Vorgang.* 9

Hinweise

totius: 6_2 1
loco: 16_{10} *nomine* 3
deferri: SE 10_{12}; F! 8
quod – quod: 6_3 21_3 5.7
insuetus: 4_3 *spem* 11
sibi: 10_{14} 12
ademptā: 28_1 *reliquā* 13
sollicitare, sevocare: 20_3 13
coepit: 24_{15} 14
territare: 24_{15} *cogere*
fieri: 10_{11}
quos: 22_3 15
traductos: 14_{11} 16
interponere: Z. 14 *territare* 17
quod: Z. 15 *quos*

Übungen

1. Prüfe den Sinnunterschied, wenn in Z. 11 f. die Prädikate die Form *timebat, dicebat* hätten!
2. Welches Satzglied ist Z. 1 *principes?*
3. Warum steht das Prädikat *convenit* an dieser Stelle?
4. Welchen Sinn haben die Konjunktive Z. 3 *abesset, 11 timeret, 12 diceret, 15 spoliaretur, 18 administrarent?* (vgl. 14_1)
5. Beurteile die Wahl des Tempus in Z. 8 *deferri;* welchen Sinn würde haben *delatum esse?*
6. Welche Personen sind mit Z. 9 *hospitibus* gemeint?
7. Bestimme Form und Beziehung Z. 2 *perpaucos, 11 insuetus, religionibus, 14 fieri, 15 omni, 18 haec*!

30

Qua re cognita Caesar, quod tantum civitati Haeduae dignitatis tribuebat, coercendum atque deterrendum, quibuscumque rebus posset, Dumnorigem statuebat; at, quod longius eius amentiam progredi videbat, prospiciendum, ne quid sibi ac rei publicae nocere posset. Itaque dies circiter viginti quinque (XXV) in eo loco commoratus, quod corus ventus navigationem impediebat, qui magnam partem omnis temporis in his locis flare consuevit, dabat operam, uti in officio Dumnorigem contineret, nihilo tamen setius omnia eius consilia cognosceret. Tandem idoneam nactus tempestatem milites equitesque conscendere naves iubet. At omnium animis impeditis Dumnorix cum equitibus Haeduorum a castris insciente Caesare domum discedere coepit. Qua re nuntiata Caesar intermissa profectione atque omnibus rebus postpositis magnam partem equitatus ad eum insequendum mittit retrahique imperat; si vim faciat neque pareat, interfici iubet; nihil hunc se absente pro sano facturum, qui praesentis imperium neglexisset. Ille autem revocatus resistere ac se manu defendere suorumque fidem implorare coepit, saepe clamitans liberum se liberaeque esse civitatis. Illi, ut erat imperatum, circumsistunt hominem atque interficiunt. At equites Haedui ad Caesarem omnes revertuntur.

Worterklärungen

tribúere, -buit, -būtum	zuteilen, verteilen
coercēre, -cet, -cuit, -citum	zusammen-, anhalten
dēterrēre, -ret, -ruit, -ritum	abschrecken
quicumque	wer auch immer, einerlei wer
āméntia, ae *f*	Unvernunft, Uneinsichtigkeit, Verirrung
prospícere, -cit, -spexit, -ctum	voraussehen, vorsorgen
nocēre, nocet, nócuit	schaden
círciter	ungefähr
viginti quinque	fünfundzwanzig
commorāri	verweilen
corus ventus	NW-Wind
nāvigátio, iōnis *f*	Schiff-, Seefahrt
flāre	wehen, hauchen
consuéscere, -scit, -suēvit	sich gewöhnen
níhilō sétius	(um) nichts weniger, trotzdem
tandem	endlich
nancīsci, -scitur, nactus	(zur Verfügung) bekommen, antreffen
eques, équitis *m*	Reiter
conscéndere, -ndit, -nsum	besteigen
ínsciens, inscientis	nicht wissend, ahnungslos
nuntiāre	melden
intermíttere, -tit, mīsit, -missum	unterbrechen, -lassen
proféctio, iōnis *f*	Aufbruch, Abfahrt
postpōnere, -nit, -posuit, -situm	hintansetzen
ínsequi, -itur, -secūtus	nach-, verfolgen
retráhere, -hit, -xit, -ctum	zurückschleppen, -holen
imperāre	auferlegen, befehlen
pārēre, -ret, -ruit	erscheinen, gehorchen
sānus, a, um	gesund, vernünftig
neglégere, -git, -xit, -ctum	nicht beachten, übersehen
resístere, -stit, -stitit	widerstehen, Widerstand leisten
saepe	oft
clāmitāre	schreien, rufen
circumsístere	sich herumstellen, umringen
reverti, -titur, revertit	sich umwenden, umkehren

Erläuterungen

Partizip Futur

nihil hunc pro sano facturum – *keineswegs werde dieser (an Stelle eines Vernünftigen) vernünftig handeln*; das vom Partizip Perfekt durch das Suffix (angehängte Bildesilbe) *-urus* gebildete *Partizip Futur* können wir wie das des Perfekt und das des Präsens mit einer Personalform des Futurs wiedergeben oder das Partizip als Nomen nachahmen durch Einfügung eines Adjektivs: *er werde nicht* (*gewillt, bereit*) *fähig sein, vernünftig zu handeln.* 12

Hinweise

tantum: 10_{13} *satis*; 18_{9} 1
coercendum: 17_{3} *timendum*; 3_{5} *loca*
rebus: 4_{1} 2
prospiciendum: Z. 2 3
ne quid: 24_{12} *ne cui*
sibi: 10_{14}
cognosceret: beachte die Satzart vgl. 8_{1} 7
commoratus, nactus: 13_{1} *moratus* 5.8
iubet: 19 Ü 2
impeditis: 9_{4} *factis* 9
insciente: 23_{9} *invito* 9
intermissa: 28_{1} *reliqua* 10
insequendum: 22_{8} *distinendam* 11
retrahi: 10_{12} *diduci* 12
faciat: 22_{3} *si . . .*
absente: 12_{6} *hortantibus* 13
imperium: zur Übersetzung Z. 12 *imperat, pareat*
revocatus: 27_{5} *obsessa* 14
liberum: SE vgl. 10_{11} 15
civitatis: 29_{6} *animi*

Übungen

1. Bestimme Form und Beziehung Z. 2 *Dumnorigem, 3 amentiam, sibi, 7 eius, 8 milites, 12 retrahique, 13 praesentis, liberum, illi.*
2. Deute das Tempus in Z. 3 *videbat, 5 impediebat.*
3. Bilde den Inf. Präs. und deute die Form Z. 2 *posset, 3 prospiciendum, 7 cognosceret, 9 impeditis, 12 faciat, pareat, 13 neglexisset, 16 revertuntur.*
4. Bilde verschiedene Übersetzungen zu Z. 5 *commoratus, 9 animis impeditis, 11 rebus postpositis.*
5. Deute den Satzbau Z. 1 f.

31

Erfolg der Expedition nach Britannien

Hostes proelio superati simulatque se ex fuga receperunt, statim ad Caesarem legatos de pace miserunt: obsides daturos, quaeque imperasset, sese facturos polliciti sunt. Una cum his legatis Commius Atrebas venit, quem supra demonstraveram a Caesare in Britanniam praemissum. Hunc illi e navi egressum, cum ad eos oratoris modo Caesaris mandata deferret, comprehenderant atque in vincula coniecerant. Tum proelio facto remiserunt et in petenda pace eius rei culpam in multitudinem contulerunt et propter imprudentiam ut ignosceretur, petiverunt. Caesar questus, quod, cum ultro in continentem legatis missis pacem ab se petissent, bellum sine causa intulissent, ignoscere imprudentiae dixit obsidesque imperavit. Quorum illi partem statim dederunt, partem ex longinquioribus locis accersitam paucis diebus sese daturos dixerunt. Interea suos in agros remigrare iusserunt, principesque undique convenire et se civitatesque suas Caesari commendare coeperunt.

Atrebas, *Kelte im heutigen Artois*

Worterklärungen

simulatque	sobald
statim	sofort
praemíttere, -tit, -mīsit, -missum	vorausschicken
égredi, -ditur, ēgressus	herausgehen
ōrātor, ōris *m*	Sprecher, Redner
comprehéndere, -ndit, -nsum	festnehmen, ergreifen
vínculum, i *n*	Fessel
in víncula conícere	gefangen setzen, festnehmen
remíttere, -tit, -mīsit, -missum	zurückschicken, nachlassen
culpa, ae *f*	Schuld
imprūdéntia, ae *f*	Unvorsichtigkeit, Dummheit
ignṓscere, -scit, -gnōvit	Einsehen haben, verzeihen, Verständnis aufbringen
quĕri, quéritur, questus	sich beklagen, klagen
ultro	darüber hinaus, obendrein, von sich aus
longinquus, a, um	weit entfernt, entlegen
accérsere, -sit, -sīvit, -sītum	heranholen
intéreā	inzwischen
remigrāre	zurückkehren

Erläuterungen
cum

8 quod, cum ... petīssent, bellum ... intulissent – (*darüber,*) *daß, als sie erbeten hätten, Krieg begonnen hätten*: Der mit *cum* eingeleitete Satz soll jedoch weniger einen Zeitpunkt angeben, als den Sachverhalt steigern und einen Gegensatz im Verhalten der Britannier betonen. In einem solchen Falle wählen wir als Einleitewort des Gliedsatzes *obwohl.*

Hinweise

1 simulatque: 10_{11} *ubi*; 27_{5} *obsessa*
2 daturos: 30_{13} *facturum*
imperāsset: 20_{4} 26_{7}
3 quem: SE 23_{20} *quam*
4 egressum: K + B 1_{7} *habebant*; 13_{1} *moratus*
5 mandata: 29_{8} *dictum*
deferret: F! 15_{9} *inciperet*
6 facto: 9_{4} *factis*
petenda: 16_{2} *tuendi*
7 contulerunt: 24_{3}
ut: 10_{15} *ubi*
8 questus: 13_{1} *moratus*; 28_{1} *reliqua*
9 petīssent: 21_{1}; 26_{7}
intulissent: F! vgl. 23_{8}
10 Quorum: K + B; 7_{12}
11 accersitam: 9_{12}
daturos: SE 30_{13} *facturos*
suos: 23_{6} *suorum*
12 iusserunt SE 19 Ü 2

32

Krisenzeiten in der römischen Geschichte

Recordamini, Quirites, omnes civiles dissensiones, non solum eas, quas audistis, sed eas, quas vosmet ipsi meministis atque vidistis. Lucius Sulla Publium Sulpicium oppressit; eiecit ex urbe Gaium Marium, custodem huius urbis, multosque fortes viros partim eiecit ex civitate, partim interemit. Gnaeus Octavius consul armis expulit ex urbe collegam: omnis hic locus acervis corporum et civium sanguine redundavit. Superavit postea Cinna cum Mario: tum vero clarissimis viris interfectis lumina civitatis exstincta sunt. Ultus est huius victoriae crudelitatem postea Sulla: ne dici quidem potest, quanta deminutione civium et quanta calamitate rei publicae. Atque illae tamen dissensiones erant huius modi, Quirites, quae non ad delendam, sed ad commutandam rem publicam pertinerent. Non illi nullam esse rem publicam, sed in ea, quae esset, se esse principes, neque hanc urbem conflagrare, sed se in hac urbe florere voluerunt.

Quirites, *Anrede für die Bürger in der Volksversammlung* – Lucius Cornelius Sulla, *Konsul 88, 82–79 Diktator* – Publius Sulpicius Rufus, *wurde als Volkstribun von Sulla 82 geächtet und kam auf der Flucht um* – C. Marius, *zuerst Konsul 107, zum 7. Male 86* – Gnaeus Octavius, *durch Sulla Konsul 87 zusammen mit Lucius Cornelius Cinna.*

Worterklärungen

recordāri	sich erinnern	redundāre	zurückwogen, überfließen
dissénsio, iōnis *f*	Meinungsverschiedenheit, Uneinigkeit	posteā	danach, später
audīre	hören	clārus, a, um	hell, klar, berühmt
vōsmet	ihr selbst, gerade ihr	lūmen, lū́minis *n*	Leuchte, Licht
meminisse	sich besonnen haben, im Gedächtnis haben	exstínguere, -guit, -xit, -nctum	ausstechen, auslöschen
		victṓria, ae *f*	Sieg
interímere, -mit, -ēmit, -emptum	dazwischen nehmen, beseitigen	crūdḗlitās, ātis *f*	Grausamkeit
		dēminū́tio, iōnis *f*	Verminderung
5 collēga, ae *m*	Mitbeauftragter, Kollege	calámitās, ātis *f*	Schlag, Unglück, Niederlage
acervus, i *m*	Haufen	conflagrāre	auflodern, in Flammen aufgehen
corpus, córporis *n*	Körper		
sanguīs, sánguinis *m*	Blut		

Erläuterungen

medialer Imperativ

recordamini: Diese *mediale* Form dient zugleich als *Imperativ* (vgl. 27_2 *videamini*). 1
vos-met: Die zweite Silbe dient zur besonderen Hervorhebung des Personalpronomens.
hic locus: Der Konsul spricht zur Volksversammlung auf dem Forum. 5

Hinweise

audistis: 20_4 *comparārat* 1
meministis: 21_1 *nōstis*; 9_2 *misit* 2
oppressit, eiecit: 20_3 Wortstellung 3
collegam: 1_7 *habebant* 5
superavit: 11_2 *laudat* 6
interfectis: 9_4 *factis*
lumina: 5_4 12_7 *sua* 7
ultus est: F! 14_9; 9_1; 20_3
huius: F! Tab. 5; 3_5 *loca*
dici: 8_8 *nominari* 8
quanta: K + B 4_1
quae: K + B Tab. 5. 20_5 9
delendam: 16_2 *tuendi* 10
non nullam: 25_{11} *non nihil*
ea: K + B 11
se: SE 14_{11} 12
voluerunt: 24_{16} *coeperunt*

Atque illae tamen omnes dissensiones, quarum nulla exitium rei publicae quaesivit, eius modi fuerunt, ut non reconciliatione concordiae, sed internecione civium diiudicatae sint. In hoc autem uno post hominum memoriam maximo crudelissimoque bello, quale bellum nulla umquam barbaria cum sua gente gessit, quo in bello lex haec fuit a Lentulo, Catilina, Cethego, Cassio constituta, ut omnes, qui salva urbe salvi esse possent, in hostium numero ducerentur, ita me gessi, Quirites, ut salvi omnes conservaremini, et, cum hostes vestri tantum civium superfuturum putassent, quantum infinitae caedi restitisset, tantum autem urbis, quantum flamma obire non potuisset, et urbem et cives integros incolumesque servavi.

Publius Cornélius Lentulus Sura, *ehemaliger Konsul* – L. Sérgius Catilina, *Revolutionär* – L. Cornelius Cethegus, L. Cassius Longinus, *Anhänger Catilinas*

Worterklärungen

exítium, i *n*	(schlimmer) Ausgang, Ende	in numero ducere	innerhalb der Zahl anführen, rechnen zu
quaérere, -rit, -sīvit, -sītum	suchen, fragen	se gérere, -rit, gessit, -stum	sich betragen, benehmen
reconciliátio, iōnis *f*	Wiedergewinnung, Versöhnung	superesse, -est, -fuit	übrig sein, überleben
internécio, iōnis *f*	Ermordung	putāre	berechnen, rechnen auf, meinen, halten für
diiūdicāre	unter-, entscheiden		
memória, memóriae *f*	Gedächtnis, Erinnerung, (erlebte) Vergangenheit	infinītus, a, um	unendlich, unbegrenzt
crūdēlis, crūdēle	roh, grausam	caedēs, caedis *f*	Mord(en)
quālis, quāle	wie (beschaffen)	flamma, ae *f*	Flamme
barbária, ae *f*	Ausland	obīre, -it, -iit, -itum	entgegengehen, herangehen
lēx, lēgis *f*	Gesetz	incólumis, incólume	ungeschlagen, unversehrt
salvus, a, um	gesund, heil	servāre	bewahren, retten, erhalten

Hinweise

13 nulla: K + B 1_7 *Rhenus* 1_5 *Gallorum*
eius: 16_4 *id*
15 uno: 3_5 *loca*
quale: K + B (vgl. 5_4)
16 fuit: 7_1 *esse*
17 salva: 28_1 *reliqua*
18 in: 5_4 *ad*
conservaremini: 27_2; 14_2
19 cum: 25_8
tantum: 10_{13} *satis*
putassent: 21_1 *nostis*
20 caedi: 10_{13} castris
quantum flamma: K + B vgl. 1_7 *imperium*
21 et: 5_3
integros: 5_{10} *custodem*
servavi: 23_{20}

Übungen

1. Z. 14ff. würde eine Aufgliederung der einzelnen Sinngruppen wie 24 Ü die rhetorische Absicht verdeutlichen können.
2. Bilde verschiedene Übersetzungen zu Z. 6 *viris interfectis, 17 salva urbe!*
3. Bestimme Form und Beziehung Z. 5 *corporum, 8 quanta, 11 ea, 16 barbaria, 17 constituta, 19 superfuturum!*
4. Bestimme als Satzglied Z. 3 *custodem, 4 consul, 7 crudelitatem, 18 salvi!*
5. Vergleiche die Art der Wortstellung Z. 13f. *ut non* ... mit 14f. *In hoc* ...!

Labienus als Heerführer

33

Treveri magnis coactis peditatus equitatusque copiis Labienum cum una legione, quae in eorum finibus hiemarat, adoriri parabant. Iamque ab eo non longius bidui viā aberant, cum duas venisse legiones missu Caesaris cognoscunt. Positis castris a milibus passuum quindecim (XV) auxilia Germanorum exspectare constituunt. Labienus hostium cognito consilio sperans temeritate eorum fore aliquam dimicandi facultatem, praesidio quinque (V) cohortium impedimentis relicto cum viginti quinque (XXV) cohortibus magnoque equitatu contra hostem proficiscitur et mille passuum intermisso spatio castra communit. Erat inter Labienum atque hostem difficili transitu flumen ripisque praeruptis. Hoc neque ipse transire habebat in animo neque hostes transituros existimabat. Augebatur auxiliorum cotidie spes. Loquitur consulto palam, quoniam Germani adpropinquare dicantur, sese suas exercitūsque fortunas in dubium non devocaturum et postero die prima luce castra moturum.

Worterklärungen

adorīri, -ritur, adortus	angreifen	praeruptus, a, um 9	(vorn abgebrochen), abschüssig, steil abfallend
bíduum, i *n*	zwei Tage	consulto	mit Absicht
missus, missūs *m*	Entsendung, Auftrag, Veranlassung	palam	(ausgebreitet), offen
quíndecim	fünfzehn	quoniam	(wenn schon), da
temérĭtās, ātis *f*	Unüberlegtheit 5	adpropinquāre	herannahen, anrükken
diffícilis, diffícile	schwierig	dēvocāre	hinrufen, verleiten
tránsitus, ūs *m*	Übergang	lux, lūcis f (~prima)	Licht, Tag(esanbruch)

Erläuterungen
Haupt- und Gliedsatz

iam aberant, cum cognoscunt – *schon waren sie ... entfernt, als sie erkennen*: Hier ist das Verhältnis von Haupt- und Gliedsatz umgekehrt. Der Hauptsatz stellt die Lage dar, aus der sich die Handlung des Gliedsatzes entwickelt; daher läßt der römische Autor den Indikativ auf *cum* folgen. 2

Hinweise

hiemarat: 20_4 2
longius: 15_3
viā: 18_{13} *plus* 3
positis: 9_4 *factis*
cognito: 9_4 5
sperans: K + B vgl. 13_1 *moratus*
fore: SE 28_5
praesidio: K + B 9_4 6
impedimentis: 10_{13} *castris* 6
intermisso: 9_4 8
transitu: 4_1 9
transituros: 30_{13} *facturum* 10
existimabat: 14_{12} *arbitratus*
dicantur: 19_9; 20_5; 14_1 11
suas: 24_2 *suorum* 12
devocaturum: 30_{13}; 14_{11}

Die zu 18_9 *cum* angemerkten Beobachtungen zur lateinischen Wortstellung sind in diesem Abschnitt besonders zu beachten.

Celeriter haec ad hostes deferuntur, ut ex magno Gallorum equitum numero nonnullos Gallicis rebus favere natura cogebat. Labienus noctu tribunis militum primisque ordinibus coactis, quid sui sit consilii, proponit et, quo facilius hostibus timoris det suspicionem, maiore strepitu et tumultu, quam populi Romani fert consuetudo, castra moveri iubet. His rebus fugae similem profectionem effecit. Haec quoque per exploratores ante lucem in tanta propinquitate castrorum ad hostes deferuntur.

Worterklärungen

favēre, -et, fāvit, fautum	gewogen sein, halten zu	quō	auf welchem Wege, wohin, damit
prōpōnere, -nit, -pósuit, -situm	vorstellen, vor Augen/in Aussicht stellen; med.: bevorstehen	suspício, iōnis *f*	Verdacht
		strépitus, strépitūs *m*	Geräusch, Lärm
		quam	wie (sehr), als
		símilis, símile	ähnlich
		propínquitās, ātis *f*	Nähe

Erläuterungen

15 primi ordines – *oberste Dienstgrade,* hier der Centurionen; diese sind heutigen Unteroffizieren (Feldwebeln, Wachtmeistern) vergleichbar.

16 quo facilius det suspicionem: *wodurch/um wieviel er leichter den Eindruck biete/böte* (vgl. 22_4 zu *conentur*). An Stelle eines Relativsatzes wählen wir hier zum Ausdruck der Absicht lieber einen Gliedsatz mit *damit* oder *um . . . zu.*

Hinweise

13 celeriter: 12_4 *liberaliter*
haec: K + B Tab. 5; 1_7
ut: 15_2
14 nonnullos: SE 14_{11}
rebus: 10_{13} *castris*
14 natura: K + B 1_7 *Rhenus*
Labienus: 9_4 *Galba*
15 quid: 20_2 *quam*
consilii: 29_6 *animi*
17 similem: 5_{10} *custodem*

Übungen

1. Bilde verschiedene Übersetzungen zu Z. 3 *positis castris, 5 Labienus sperans, 15 tribunis coactis!*
2. Bestimme Form und Beziehung Z. 4 *auxilia, 7 equitatu, 12 prima, 13 haec, magno, 16 hostibus, timoris!*
3. Bestimme Sinngruppen und Lesepausen Z. 5–9!
4. Beschreibe die Wortstellung Z. 5 *hostium cognito consilio : aliquam dimicandi facultatem* (vgl. 1_7 3_5)!
5. Erläutere die Tempora Z. 13 *deferuntur, 14 cogebat, 15 proponit, 17 effecit!*

34

Vix tamen agmen novissimum extra munitiones processerat, cum Galli cohortati inter se, ne speratam praedam ex manibus dimitterent, – longum esse perterritis Romanis Germanorum auxilium exspectare neque suam pati dignitatem, ut tantis copiis tam exiguam manum, praesertim fugientem atque impeditam, adoriri non audeant – flumen transire et iniquo loco committere proelium non dubitant. Quae fore suspicatus Labienus, ut omnes citra flumen eliceret, eadem usus simulatione itineris placide progrediebatur. Tum praemissis paulum impedimentis atque in tumulo quodam conlocatis „Habetis", inquit, „milites, quam petistis facultatem; hostem impedito atque iniquo loco tenetis: praestate eandem nobis ducibus virtutem, quam saepe numero imperatori praestitistis, atque illum adesse et haec coram cernere existimate!" Simul signa ad hostem converti aciemque dirigi iubet et paucis turmis praesidio ad impedimenta dimissis reliquos equites ad latera disponit.

Worterklärungen

agmen, ágminis *n*	Heereszug	plácidē	gefällig, ruhig
agmen novíssimum	Nachhut	paulum	ein wenig
extra *b. Akk.*	(nach) außerhalb	inquit	sagt(e) er
prōcḗdere, -dit, -cessit, -sum	vorgehen, vorrücken	praestāre, -stat, -stitit	vorstellen, erweisen; voranstehen
cohortāri	anfeuern, anspornen	cōram	vor Augen, in Gegenwart
longum est	es ist ein weiter Weg, es dauert (zu) lange	adesse	dasein
pati, -itur, passus	leiden, dulden, lassen	cérnere, -nit, crēvit, -tum	sichten, sondern, entscheiden, beobachten
fúgere, fugit, fūgit	fliehen, meiden	convértere, -tit, -sum	umwenden, schwenken
suspicāri	vermuten, verdächtigen	dīrígere, -git, -rexit, -ctum	lenken, ordnen, leiten
citrā *b. Akk.*	(nach) diesseits	turma, ae *f*	Reitereinheit, Schwadron
ēlícere	heraus-, anlocken	latus, láteris *n*	Seite, Flanke
simulā́tio, iōnis *f*	Verstellung, Täuschung		

Hinweise

cum: 33_3 1
cohortati: 13_1 *moratus*
ne: 15_3 2
perterritis: 4_1; 28_1 *reliqua*
pati: 10_{12} *diduci* 3
copiis: 4_1 4
fugientem: 12_4 *petentibus*
audeant: 19_9 *iubeat* 5
quae: K + B 14_{12}; 28_5
suspicatus: 13_1 *moratus* 6
ut: 14_5
usus: 13_1 *moratus*
placide: 10_{14} *commode* 7
progrediebatur: 9_1 *proficiscebatur*
praemissis: 9_4; 28_1
paulum: 10_{12}; 15_3 *longius*
quodam: 4_9 8
habetis: 27_2
petistis: 21_1 *nostis*
loco: 4_1 9
praestate: 20_2 *accipite*
eandem: statt *eam-dem*: vgl. 19_4 und 10_{16} *idem*
nobis: 10_{13} *castris*
illum: SE 14_{11} 10
haec: 10_{10} *intercludere nostros*
converti: 10_{12} *diduci* 11
turmis: 9_4 *proeliis*; 18_9 12

Celeriter nostri clamore sublato pila in hostes immittunt. Illi ubi praeter spem, quos modo fugere credebant, infestis signis ad se ire viderunt, impetum ferre non potuerunt ac primo concursu in fugam coniecti proximas silvas petierunt. Quos Labienus equitatu consectatus magno numero interfecto, compluribus captis, paucis post diebus civitatem recepit. Nam Germani, qui auxilio veniebant, percepta Treverorum fuga sese domum contulerunt.

Worterklärungen

clāmor, ōris *m*	Geschrei	īre, it, ībat, iit, itum, eunt, iērunt	gehen
sublātus, a, um	aufgehoben, erhoben	infestus, a, um	feindlich, kampfbereit
pīlum, i *n*	(römischer) Speer	consectāri	verfolgen
immíttere, -tit, -mīsit, -missum	hineinlassen, -werfen	percipere, -pit, -cēpit, -ceptum	erfassen, vernehmen
crēdere, -dit, -didit, -ditum	vertrauen, anvertrauen, glauben		

Erläuterungen

Ablativ: Maßangabe

17 paucis post diebus – (*um*) *einige Tage danach/später*. Zu dem zwischengestellten Adverb *post* ist mit den *Ablativen* eine *Maßangabe* geboten. Wir können uns diese durch die Präposition *um* erläutern, gebrauchen aber meist wie bei Angaben der Ausdehnung den Akkusativ.

recepit: Hinzuzudenken ist *in fidem* oder *in deditionem;* daraufhin wurden diese, wie zu 22_9 angemerkt, *pacati.*

Hinweise

13 nostri: 8_4
sublato: 28_1 *reliqua*
ubi: 10_{15} *hac re*
14 quos: 22_3; 21_3 quod
15 coniecti: 27_5 *obsessa*
16 consectatus: 13_1 *moratus*
interfecto: 9_4
17 post: 10_4 *cum*

Übungen

1. Bilde verschiedene Übersetzungen zu Z. 2 *perterritis Romanis, 7 praemissis impedimentis, 16 Labienus consectatus!*
2. Bestimme Form und Beziehung Z. 2 *speratam, longum, 6 eadem, 9 ducibus, 10 numero, 16 compluribus, 17 auxilio!*
3. Bestimme die Sinngruppen und Lesepausen Z. 2–4 *longum . . . audeant!*
4. Deute das Tempus Z. 7 *progrediebatur, 8 inquit, 11 iubet, 17 veniebant, 18 contulerunt!*

35

Aufruf Ciceros gegen Antonius

Incumbite in causam, Quirites, ut facitis. Numquam maior consensus vester in ulla causa fuit, numquam tam vehementer cum senatu consociati fuistis. Nec mirum; agitur enim, non qua condicione victuri, sed victurine simus an cum supplicio ignominiaque perituri.
Quamquam mortem quidem natura omnibus proposuit, crudelitatem mortis et dedecus virtus propulsare solet, quae propria est Romani generis et seminis. Hanc retinete, quaeso, quam vobis tamquam hereditatem maiores vestri reliquerunt.

Worterklärungen

incúmbere, -bit, -cubuit	sich legen auf, sich widmen, sich hineinknien	condício, iōnis *f*	Vereinbarung, Bedingung, Lage
numquam	niemals	-ne – an	ob – oder
consensus, ūs *m*	gemeinsames Empfinden, Übereinstimmung	perīre, -it, -iit	vergehen, sterben
véhemens, ntis	heftig, gewaltig	quamquam	wie auch immer, allerdings, obwohl
consociāre	vereinigen, verbünden	prōpulsāre	vertreiben
mīrus, a, um	wunderbar, erstaunlich	solēre, -let, sólitus	pflegen, gewohnt sein
nec: *verkürztes neque*	und nicht	próprius, a, um	eigen, charakteristisch, Merkmal
ágitur	es wird verhandelt, handelt sich um	sēmen, séminis *n*	Saat, Same
		quaeso	(ich) bitte
		tamquam	so wie, sozusagen
		herēditās, ātis *f*	Erbschaft

Erläuterungen

Nominalsatz

nec mirum – *und (das ist) kein Wunder.* Manchmal bleibt ein selbstverständliches Satzglied, oft das Prädikat *est,* unausgedrückt. Einen solchen Nominalsatz zeigt das deutsche Sprichwort *Keine Rose ohne Dornen.* 2

-ne -an

victurine simus an perituri – *mögen wir wirklich zum Leben, mögen wir wohl zum Sterben bestimmt sein*: *-ne* ist ursprünglich eine Bekräftigungspartikel, *an* schwächt eine Aussage ab. Die deutsche indirekte Doppelfrage wird durch *ob – oder* eingeleitet, das Verb kann darauf im Indikativ oder Konjunktiv folgen: *ob wir (überhaupt) noch leben können oder untergehen müssen.* 3

Hinweise

incumbite: 20_2 *accipite* 1
ut: 15_2
maior: 1_5 *fortissimi*
vehementer: 12_4 *liberaliter* 2
consociati: 7_8 *divisae*
agitur: 5_3 *excitabantur* 3
victuri: 23_{15} *futurus*; 30_{12}
mortem: 1_7 *imperium* 5
dedecus: 5_4 6

Nam cum alia omnia falsa, incerta sint, caduca, mobilia, virtus est una altissimis defixa radicibus. Quae numquam vi ulla labefactari potest, numquam demoveri loco. Hac virtute maiores vestri primum universam Italiam devicerunt, deinde Carthaginem exciderunt, Numantiam everterunt, potentissimos reges, bellicosissimas gentes in dicionem huius imperii redegerunt. Ac maioribus quidem vestris cum eo hoste res erat, qui haberet rem publicam, curiam, aerarium, consensum et concordiam civium, rationem aliquam, si ita res tulisset, pacis et foederis; hic vester hostis vestram rem publicam oppugnat, ipse habet nullam; senatum, id est orbis terrae consilium, delere gestit, ipse consilium publicum nullum habet; aerarium vestrum exhausit, suum non habet. Nam concordiam civium quî habere potest, nullam cum habet civitatem? Pacis vero quae potest esse cum eo ratio, in quo est incredibilis crudelitas, fides nulla?

Worterklärungen

falsus, a, um	gefälscht, trügerisch	ēvértere, -tit, -sum	umkehren, vernichten
incertus, a, um	unbestimmt, ungewiß	bellicōsus, a, um	kriegstüchtig, -erfahren
cadūcus, a, um	hinfällig, gebrechlich	dício, iōnis *f*	Weisungsbefugnis
móbilis, mobile	beweglich, veränderlich	in dīciōnem redígere	in seine Gewalt bringen
dēfixus, a, um	eingerammt, befestigt	cúria, ae *f*	Sitz des Senats
rādix, rādīcis *f*	Wurzel	aerárium, i *n*	Staatskasse
labefactāre	wankend machen, erschüttern	foedus, fóederis *n*	Vertrag, Bündnis
dēmovēre, -vet, -mōvit, -mōtum	wegbewegen	oppugnāre	bekämpfen, angreifen
dēvíncere, -cit, -vīcit, -ctum	(völlig) besiegen	gestīre	sich gebärden, vorgeben
deínde	dann, danach	exhaurīre, -rit, -sit, -stum	ausschöpfen
excídere, -dit, -cīsum	herausschneiden, zerstören	quî	wie? wieso?

Erläuterungen

cum

8 cum fügt hier einen die Aussage steigernden Gedanken ein. Einen solchen Gliedsatz leiten wir ein mit *wenn auch*.

13 consensum et concordiam civium: die Glieder der Aufzählung folgen einzeln, jedes mit gleichem Gewicht nacheinander; der Vortragende läßt sie durch Sprechpausen einzeln wirken. In diesen Worten sind zwei Beschaffenheiten der Bürger ausgesprochen; sie sind daher durch *et* miteinander verbunden, und das beiden gemeinsame Genitivattribut folgt.

14 rationem: Dies letzte Glied der Aufzählung hat zwei Genitivattribute bei sich: *pacis et foederis*. Diese beiden Worte sind der Endpunkt einer Klimax, und durch einen in periodischem Rhythmus eingefügten si-Satz besonders hervorgehoben.

15 ipse habet nullam: dem Höhepunkt der Klimax bei *oppugnat* läßt der Sprecher noch eine Warnung folgen; einer längeren Sprecheinheit folgt hier ein kurzes Sinnglied; im Gegensatz zu dem bei einer Klimax zu beobachtenden Anwachsen der einzelnen Glieder spricht dies letzte durch seine Kürze zugleich bittere Geringschätzigkeit aus .

qui habere potest – *wie kann er haben*: hier ist *quî* der Ablativ des Fragepronomens *quid*? Zum Unterschied von *qui* ist das *-î-* besonders gekennzeichnet. Dem Fragepronomen geht das Objekt der Frage betont voraus (vgl. zur Stellung der Konjunktion 10_{11}). 17

nullam cum habet civitatem: durch den Indikativ zeigt der Autor an, daß er zwei Satzinhalte verbindet, die er als Realitäten wirken lassen will. In diesem Falle geben wir diese auf relatives *quom* zurückgehende Konjunktion *cum* mit *wenn* wieder (vgl. 7_{8}). 18

quae: auch das (auf *ratio* bezogene) Fragepronomen (vgl. 24_{12}) muß den lateinischen *direkten Fragesatz* nicht einleiten, ebensowenig wie eine Konjunktion den ersten Platz im Satz beansprucht (vgl. 10_{11} *ubi*; 24_{13} *quod*). 18

incredibilis crudelitas : fides nulla: Der Redner wiederholt hier (vgl. zu Z. 15) die unterschiedliche Gewichtigkeit der Glieder: Negatives ist vorhanden, Positives nicht. 19

Hinweise

cum: 25_{8} 8
alia: 12_{7} *sua*
caduca: 8_{3} *regum*
una: 2_{2} *primi*
altissimis: 3_{5} *loca*
quae: K + B; 1_{7} 9
orbis terrae consilium vgl. 1_{1}
populi Romani imperium 1_{2} *Galliae* 16

vi: 4_{1} 9
loco: 3_{2} 10
primum: 16_{8} *tum*; 10_{12} *facile*
maioribus: 10_{13} *castris* 12
eo- qui: 16_{4} *id-ut* 13
curiam: 8_{3} *regum*
si: 28_{5} 14

Übungen

1. Bestimme Form und Beziehung Z. 4 *ignominiaque, 5 natura, 6 dedecus, 9 defixa, ulla, 12 vestris*
2. Welche Übersetzung kommt in Frage für Z. 8 *cum?*
3. Welche Sinnänderung ergäbe sich Z. 13, wenn statt *haberet : habebat* Z. 18 *habet : habeat* im Text stände?

Bucht von Carthago

36

Agitur autem, liberine vivamus an mortem obeamus.

Zu den von Antonius beantragten Gesetzen fragt er:

Possuntne hae leges esse ratae sine interitu legum reliquarum?

Über die Anhänger Catilinas sagte er:

Ne illi vehementer errant, si illam meam pristinam lenitatem perpetuam sperant futuram!

Bei der Betrachtung des Weltalls fragt er:

Si omnes mundi partes ita constitutae sunt, ut neque ad usum meliores potuerint esse neque ad speciem pulchriores, videamus, utrum ea, fortuitane sint an eo statu, quo cohaerere nullo modo potuerint, nisi sensu moderante divinaque providentia?

Bezüglich eines Cydas, der aus Kreta stammte und als juristischer Fachmann von Antonius benannt wurde, fragt Cicero:

Num Latine scit? Num est ex iudicum genere et forma? Num – quod maximum est – leges nostras moresve novit, num denique homines? Est enim Creta vobis notior quam Roma Cydae!

Worterklärungen

ratus, a, um	berechnet, gültig	sensus, ūs *m*	Gefühl, Empfindung, Sinn
intéritus, intéritūs *m*	Untergang	moderārī	Maß angeben, lenken
errāre	irren	dīvīnus, a, um	göttlich, gottbegnadet, übermenschlich
prístinus, a, um	früher, ehemalig	prōvidéntia, ae *f*	Voraussicht
lḗnitās, ātis *f*	Milde, Nachsicht	num	nun, etwa
mundus, i *m*	Weltall	scīre, scit, scīvit, scītum	wissen, kennen
mélior, iōris	besser	forma, ae *f*	Bildung, Gestalt
spéciēs, speciēī *f*	Schein, Anschein	-ve (*verkürztes vel*)	oder
pulcher, pulchra, um	schön	dénique	schließlich
utrum – an	ob – oder		
fortuītus, a, um	zufällig		
cohaerēre, -ret, -sit	zusammenhängen, -halten		

Erläuterungen

5 nē – *wirklich*: auf diese Bekräftigungspartikel geht *-ne* zurück.

Doppelfrage

9 utrum ea, fortuitane sint an ... – *was sie sind, zufällig oder* ...: *utrum* ist ein zur Fragepartikel erstarrtes Neutrum zu *uter* – *wer*? (Nur in Beziehung auf jeweils zwei Punkte gebraucht); *utrum* oder *-ne* leiten das erste Glied einer *Doppelfrage* ein; hier addieren sich beide Partikeln. Im Deutschen verwenden wir bei der Doppelfrage *ob* ... *oder* ... (vgl. zu 35_3).

num

13 num – *nun*: Diese Partikel dient zur Einleitung einer drängenderen Frage wie ein deutsches *na*!?

Hinweise

1 agitur: 35_3
-ne: 35_3
vivamus: 21_4 *faciamus*
obeamus: 22_2 *adeat*
5 pristinam: 5_5 *a bonis*
perpetuam: 5_{10} *custodem*
futuram: 23_{15} *futurum*
8 potuerint: 19_8 *dixerit*
9 videamus: Z. 1 *vivamus*
9 statu: 4_1; Tab. 2
10 quo: 4_1; Tab. 5
modo: 4_1
moderante: 12_6 *hortantibus*
divinaque: 1_2 *vicosque*
13 Latine: 10_{14} *commode*
ex: 5_4 *ad*
14 vobis – Cydae: 1_3 *Italiae*
15 notior: 16_6 *plenissimam*
quam: 8_7

Kampfloser Sieg?

37

Caesar in spem venerat se sine pugna et sine vulnere suorum rem conficere posse, quod re frumentaria adversarios interclusisset. Cur etiam secundo proelio aliquos ex suis amitteret? Cur vulnerari pateretur optime meritos de se milites? Cur denique fortunam periclitaretur? praesertim cum non minus esset imperatoris consilio superare quam gladio. Movebatur etiam misericordia civium, quos interficiendos videbat; quibus salvis atque incolumibus rem obtinere malebat. Hoc consilium Caesaris plerisque non probabatur; milites vero palam inter se loquebantur, quoniam talis occasio victoriae dimitteretur: etiam cum vellet Caesar, sese non esse pugnaturos. Ille in sua sententia persevērat.

Worterklärungen

vulnus, vúlneris *n*	Wunde
āmíttere, -tit, -mīsit, -missum	weglassen, verlieren
vulnerāre	verwunden
óptimus, a, um	begütert, bester
óptimē méritus dē	hoch verdient um
periclitāri	auf die Probe stellen, sich in Gefahr begeben
gládius, i *m*	Schwert
misericórdia, ae *f*	Barmherzigkeit, Mitempfinden
mālle, māvult, māluit	lieber wollen, vorziehen
probāre	anerkennen, beweisen
probāri	zusagen, einleuchten
tālis, tāle	so (beschaffen), derartig
occásio, iōnis	Gelegenheit
persevērāre	beharren

Erläuterungen

quod ... interclusisset: durch die Wahl des Konjunktivs deutet der Autor an, daß er nicht Tatsachen, sondern seine Überlegungen darstellt. Im Deutschen lassen wir auf *weil* den Indikativ folgen: *weil er ... abgeschnitten hatte* (vgl. 14_1). 2

cur ... amitteret – *warum (würde) sollte er verlieren*? In einer solchen *fragenden Überlegung* wählen wir auch im Deutschen den Konjunktiv bzw. die Umschreibung durch Modalverben (vgl. 22_4).

civium: dieser Abschnitt stammt aus Cäsars ‚Bürgerkrieg'. Auch auf Seiten des Pompeius stehen *cives Romani*. 5

cum vellet: diese Worte sind noch Teil der mit *loquebantur* eingeleiteten indirekten Rede; in ihr haben die Gliedsätze in beiden Sprachen den Konjunktiv: *wenn er woll(t)e*. 8

Hinweise

se: SE 14_{11} 1
suorum: 23_6
proelio: 4_1 2
meritos: 3_5 *loca* 3
se: 23_9
esset: 14_1 4
misericordia: 1_2 *imperium*; 4_1 5
interficiendos: 22_8 *distinendam* 5
quibus: 21_{14} *his* 6
plerisque: 10_{13} *castris* 7
probabatur: 5_4 *excitabantur*
dimitteretur: 14_1 8
pugnaturos: 30_{13} *facturum* 9

38

Der Eburonenfürst Ambiorix hat eine Legion unter Quintus Titurius Sabinus und Lucius Aurunculeius Cotta aus dem Winterlager herausgelockt und überfallen:

Quintus Titurius cum procul Ambiorigem suos cohortantem conspexisset, interpretem suum Gnaeum Pompeium ad eum mittit rogatum, ut sibi militibusque parcat. Ille appellatus respondit: si velit secum conloqui, licere; sperare a multitudine impetrari posse, quod ad militum salutem pertineat; ipsi vero nihil nocitum iri inque eam rem se suam fidem interponere. Ille cum Cotta saucio communicat, si videatur, pugna ut excedant et cum Ambiorige una conloquantur; sperare ab eo de sua ac militum salute impetrari posse. Cotta se ad armatum hostem iturum negat et in eo perseverat.

Worterklärungen

párcere, -cit, pepercit	sparsam sein, maßvoll begegnen, Leben schenken
licēre, -cet, -cuit	es steht (zum Verkauf) frei, ist erlaubt
commūnicāre	vereinbaren, Verbindung aufnehmen

Erläuterungen

2 rogatum ist der Akkusativ eines Substantivs *rogatus* (Gen. *rogātūs*). Er gibt gewissermaßen die Richtung an zu *misit*: *er schickte zum Fragen/Beantragen.* Die Form ist gleichlautend mit dem Akkusativ des Partizip Perfekt, ist aber nicht damit zu verwechseln. Diese substantivischen Formen (von spätantiken Grammatikern sind sie als *Supinum* fälschlicherweise dem Passiv zugeordnet worden) bezeichnen Ziel bzw. Zweck bei Verben der Bewegung. (vgl. 33_3 *missu*). Zur Wiedergabe dienen Verbalsubstantiv oder Infinitiv mit (*um* . . .) *zu*: *um ihn zu bitten.*

Supinum -um

-um iri

4 ipsi nihil nocitum iri: Ein Passiv zu *gehen* bilden wir im Deutschen nicht; wir wählen daher zur Wiedergabe das mediale *kommen*: *für ihn komme es nicht zu einem Schaden/einer Schädigung*; man kann darin auch einen futurischen Sinn erblicken: *ihm werde kein Schaden entstehen / ihm werde man nichts anhaben.*

Hinweise

1 cum: 10_{11} *ubi*
cohortantem: 9_1 *relictam*; 12_6 *hortantibus*
3 parcat: 19_9 *statuat*
velit: 21_9
licere; sperare: 14 Ü Schluß; 20_3
4 impetrari: 8_8 *nominari*
pertineat: 19_9 *iubeat*
ipsi: Tab. 5 (*ille*)
5 se: SE 14_{11}
saucio: 1_5 *fortissimi*
6 videatur: 22_3; 7 Ü 1 f.
ut: 10_{11} *ubi*
excedant: 22_2 *adeat*
7 sua: 6_5
militum: 5_4 *ad*
se: 14_{-1}
iturum: 30_{13} *facturum*

Die Macht der Rede

39

Crassus sermonem quendam de studio dicendi intulit: non sibi cohortandum Sulpicium et Cottam, sed magis utrumque conlaudandum videri, quod tantam iam essent facultatem adepti, ut non aequalibus suis solum anteponerentur, sed cum maioribus natu compararentur. „Neque vero mihi quicquam“, inquit, „praestabilius videtur quam posse dicendo tenere hominum coetūs, mentīs adlicere, voluntates impellere, quo velit, unde autem velit, deducere. Haec una res in omni libero populo maximeque in pacatis tranquillisque civitatibus praecipue semper floruit semperque dominata est. Quid enim est aut tam admirabile quam ex infinita multitudine hominum exsistere unum, qui id, quod omnibus naturā sit datum, vel solus vel cum perpaucis facere possit, aut tam iucundum cognitu atque auditu quam sapientibus sententiis gravibusque verbis ornata oratio et polita,

L. Licinius Crassus, *Konsul 95 und bedeutender Redner* – C. Aurelius Cotta, *sein Schüler; Konsul 75*

Worterklärungen

sermo, sermōnis *m*	Gespräch	tranquillus, a, um	ruhig, still, friedlich
conlaudāre	anerkennen, loben	praecípuus, a, um	vornehmlich
adipīsci, -itur, adeptus	sich aneignen, erreichen	dominārī	Herr sein, (be)herrschen
aequālis, aequāle	gleichartig, -altrig	tam – quam	so (sehr) – wie (sehr)
antepónere, -nit, -pósuit, -situm	voranstellen, vorziehen	admīrābilis, e	bewundernswert, verwunderlich, erstaunlich
māiōrēs nātū	(größere von Geburt her), ältere	exsístere, -stit, -stitit	sich herausstellen, heraus-, auftreten
praestábilis, e	vorrangig, vorzüglich		
coetus, coetūs *m*	Zusammenkommen, Versammlung	verbum, i *n*	Wort
adlícere	anlocken	ornāre	ausstatten, schmücken
unde	woher	ōrātio, iōnis *f*	Rede
		polīre	glätten, verfeinern

Erläuterungen

quendam ist die zu *quidam* gebildete Form des Akkusativs; das in *quem* auslautende *-m* hat sich dem folgenden *-d-* angeglichen (Assimilation) 1

iucundum cognitu – *angenehm zu erkennen*: diese Form des Verbalsubstantivs ist ursprünglich ein Dativ (auch zu *senatus* kann der Dativ *senatu* lauten). Die Formen des Supinum wurden auch dann von Verben gebildet, wenn andere Kasusformen eines davon abgeleiteten Substantivs nicht gebräuchlich waren. Dieser Dativ auf *-u* wird gebraucht in Verbindung mit einem Adjektiv. 10

Supinum -u

Hinweise

dicendi: 16_1 1
intulit: 23_8
corhortandum: 23_1 *transeundum*
videri: 7 Ü 2 2
essent: 14_1; 37_2
ut: 16_4 *id*
natu: 2_1 *amicitia* 4
quicquam: 19_4
coetus, mentīs: 20_3 W'Stellung, Tab. 4 5
velit: 21_9; 20_3 6
omni: 5_5 *a bonis*
dominata: 13_1 *moratus*; 19_8 petit 8
admirabile: 5_4 *omnis*
hominum: 5_4 *ad* 9
existere: SE 14_{11}
natura: 2_1 *amicitia*
sententiis: 4_1 11
ornata: 27_5 *obsessa*

aut

tam potens tamque magnificum quam populi motūs, iudicum religiones, senatūs gravitatem unius oratione converti? Quid tam porro regium, tam liberale, tam munificum quam opem ferre supplicibus, excitare adflictos, dare salutem, liberare periculis, retinere homines in civitate? Age vero, ne semper forum, subsellia, rostra curiamque meditere, quid esse potest in otio aut iucundius aut magis proprium humanitatis quam sermo facetus ac nulla in re rudis! Hoc enim uno praestamus vel maxime feris, quod colloquimur inter nos et quod exprimere dicendo sensa possumus.

Worterklärungen

potens, potentis	mächtig, vermögend, fähig	ōtium, i *n*	Ruhe, Frieden, Feierabend, Privatleben
magníficus, a, um	großartig	magis	mehr, in höherem Maße
grávitās, atis *f*	Gewicht, Bedeutung		
porro	ferner	hūmānitās, ātis *f*	edles Menschentum, feine Bildung, Lebensart
rēgius, a, um	königlich		
mūnificus, a, um	freigebig, großzügig		
ops, opis *f*	Hilfe, Mittel, Pl. Macht, Einfluß	facētus, a, um	lichtvoll, fein, klug
		rŭdis, rŭde	roh, ungebildet
adflictus, a, um	an-, niedergeschlagen	fĕrus, a, um	wild, Tier, unkultiviert
age vēro!	Nun also!		
forum, i *n*	Marktplatz	exprímere, -mit, -pressit, -ssum	ausdrücken
subséllia, iōrum *n*	(Sitzgelegenheiten) Plätze der Richter	sensum, i *n*	Gefühl, Empfindung
rostra, ōrum *n*	mit Schiffsschnäbeln verzierte Rednertribüne		

Erläuterungen

13 Quid: In Z. 8 begann der Satz mit *Quid est . . .*? Das zweite *Quid* wurde als Anapher empfunden (vgl. 21_1). Ein aus dem Zusammenhang leicht ergänzbares *est* wurde manchmal ausgelassen. Auch im Deutschen haben wir gelegentlich verblose oder Nominalsätze (vgl. 35_2).

15 retinere: als Objekt sind Angeklagte gemeint, denen im Falle der Verurteilung Verbannung droht.

Imperativ Sg.

age ist die 2. Pers. Sing. des Imperativs zu *agere*; die Form ist in ihrer Bedeutung abgeschwächt und dient zur Einleitung einer Aufforderung wie im Deutschen *bitte*!

2. Pers. Sg. Med./Pass.

ne . . . meditere ist verkürzt aus *mediteris*: dies ist die 2. Pers. Sing. Präs. Konj. Med./Pass. zu *meditari*; der Satz leitet über zu der folgenden Frage: *damit du nicht . . . denkst*.

Hinweise

12 motūs: SE 14_{11}
13 unius: 6_2 *totius*
15 periculis: 2_1 *amicitia*
16 curiamque: 1_2 *vicosque*
iucundius: 15_3 *longius*
16 magis: 16_6 *plenissimam*
17 facetus-rudis: 3_5 *loca*
hoc: 4_1
18 feris: 10_{13} *castris*
colloquimur: 21_7 *moriamur*
19 sensa: 12_7 *sua*; 29_8
possumus: 21_7

Orator

Lesestück 39

40

Cicero spricht über die Führung eines Amtes:

O di immortales! Quid interest inter mentes hominum et cogitationes! Ita mihi meam voluntatem spemque reliquae vitae vestra, iudices, populique Romani existimatio comprobet, ut ego, quos adhuc mihi magistratūs populus Romanus mandavit, sic eos accepi, ut me omnium officiorum obstringi religione arbitrarer. Ita quaestor sum factus, ut mihi illum honorem non solum datum, sed etiam creditum et commissum putarem; sic obtinui quaesturam in Sicilia provincia, ut omnium oculos in me unum coniectos esse arbitrarer, ut me quaesturamque meam quasi in aliquo terrarum orbis theatro versari existimarem, ut semper omnia, quae iucunda videntur esse, ea non modo his extraordinariis cupiditatibus, sed etiam ipsi naturae ac necessitati denegarem. Nunc sum designatus aedilis; habeo rationem, quod a populo Romano acceperim: mihi ludos sanctissimos maxima cum cura et caerimonia Cereri, Libero Liberaeque faciundos, mihi Floram matrem populo plebique Romanae ludorum celebritate placandam, mihi ludos antiquissimos, qui primi Romani appellati sunt, cum dignitate maxima et religione Iovi, Iunoni Minervaeque esse faciundos, mihi sacrarum aedium procurationem, mihi totam urbem tuendam esse commissam; ob earum rerum laborem et sollicitudinem fructūs illos datos: antiquiorem in senatu sententiae dicendae locum, togam praetextam, sellam curulem, ius imaginis ad memoriam posteritatemque prodendae.

Ceres, Céreris, *Göttin der Fruchtbarkeit* – Liber, Libera, *Bacchus und Proserpina* – Flora, ae, *Blumengöttin* – Iuppiter, Iovis, *Göttervater* – Iuno, Iunonis, *Göttermutter* – Minerva, ae, *Göttin des Handwerks* (*Athene*)

Worterklärungen

cōgitātio, iōnis *f*	Gedanke
existimātio, iōnis	Ein-, Wertschätzung
comprobāre	anerkennen
ego	ich
adhūc	bis hierher, bis heute
obstríngere, -git, -xit, -ictum	verpflichten
quaestor, ōris *m*	Untersuchungsrichter, Finanzbeamter
sum	ich bin
quaestūra, ae *f*	Amt des Quästors
óculus, i *m*	Auge
theātrum, i *n*	Schauplatz, Theater
extraordinārius, a, um	außerordentlich
cupíditās, ātis *f*	Gier, Leidenschaft, Ehrgeiz
necéssitās, ātis *f*	Unausweichlichkeit, Notwendigkeit
dēnegāre	ablehnen, (sich) versagen
dēsignātus, a, um	bezeichnet, gewählt
aedīlis, is *m*	Verwalter der ‚aedes-Tempel', der öffentlichen Bauten, des Verkehrs
habēre ratiōnem	Rücksicht nehmen, in Betracht ziehen
lūdus, i *m*	Festspiel
sanctus, a, um	ehrwürdig, geweiht
cūra, ae *f*	Sorge, Pflege, Bemühung
caerimōnia, ae *f*	Feierlichkeit
māter, mātris *f*	Mutter
celébritās, ātis *f*	zahlreiche Versammlung, festliche Ausstattung
plācāre	gefällig machen, gnädig stimmen
antīquus, a, um	vorherig, alt(hergebracht)

sacer, sacra, um	geweiht, heilig
aedēs, aedium *f*	Gemächer, Tempel, Gebäude
prōcūrā́tio, iōnis *f*	Verwaltung
fructus, ūs *m*	Frucht, Genuß, Ertrag
sollicitūdo, tūdinis *f*	Unruhe, Beunruhigung, aufreibende Beschäftigung
toga praetexta	Toga mit Purpurrand (für Senatoren)
sella curūlis	Amtssitz
iūs, iūris *n*	Recht
imāgo, imā́ginis *f*	Abbild, Totenmaske
posté̄ritās, ātis *f*	Nachwelt, Zukunft
prṓdere, -dit, -didit, -ditum	preisgeben, hinterlassen, verraten, übermitteln

Erläuterungen

quid interest – *was für ein Unterschied besteht*! In beiden Sprachen dient das Fragewort zugleich als Einleitewort für einen Ausruf. 1 — *Ausruf*

arbitrarer: in dieser Form des medialen *arbitrari* kennzeichnet *-r* die *1. Pers. Sing.*, *-re-* weist auf den Konjunktiv Imperfekt: *(daß) ich der Auffassung war.* 4 — *1. Pers. Sg. Med. Pass.*

qui primi Romani appellati sunt – *die als erste ‚ludi Romani' genannt wurden.* 14

antiquior: Nach dem Vortrag des Konsuls im Senat begann die Meinungsumfrage bei dem ältesten ehemaligen Konsul (gegen Ende des Jahres beim neu gewählten), es folgten die ehemaligen und die amtierenden Prätoren, Ädilen, Quästoren. Mit dem Aufstieg in der Ämterlaufbahn kam man gegebenenfalls früher zu Worte. 17

ius imaginis: Senatoren hatten das *Recht,* von sich ein *Abbild* in Gestalt einer Totenmaske anfertigen zu lassen. Diese erhielt einen Ehrenplatz in der Halle, dem *Atrium.* Bei einer Bestattungsfeier legten Schauspieler diese *imagines* der Vorfahren, der *maiores,* an und wurden dem Trauerzug jeweils vorangefahren. Die Zahl derartiger Ahnenbilder bekundete das Alter einer Senatorenfamilie. 18

Hinweise

di: 21_3 1
spem: 4_3 2
vestra: 3_5
existimatio: 1_7 *imperium*
comprobet: 22_8 *curet*; 6_5 *con-* 3
ut: 15_2
quos: 22_3
magistratus: 3_5 *loca* K + B!
sic – ut: 16_4 *id* 4
omnium: 1_2 *Galliae*
obstringi: 10_{11} *diduci*
sum: 27_{18} 5
datum: 9_{12} *relictam*
obtinui: 23_{20} *commemoravi* 6
oculos: 14_{11} 7
terrarum orbis: 21_4 8
existimarem: 27_{18}
omnia, quae, ea: 12_7
his: 10_{13} *castris* 9
ipsi: Tab. 5; 2_1 *socii* 1_8 *auxilio* 10
habeo: 27_{18} *excitarem*
acceperim: 19_8 *dixerit* 11
cum: 10_5 12
faciundos: 18_{12} *potiundorum*
populo: 10_{13} *castris* 13
celebritate: 4_1
placandam: 22_8 *distinendam*
primi: 2_2 14
sacrarum: 6_7 *dilectum* 15
procurationem: SE 14_{11}
tuendam: Z. 13 16
ob: 3_5 *loca*
datos: 14_{11} 17
sententiae: 10_{16} *pugnae*
locum: 2_4 *finitimi*
prodendae: 1_7 *habebant* 19

Ex his ego omnibus rebus, iudices, ita mihi omnes deos propitios velim, ut, tametsi mihi iucundissimus est honos populi, tamen nequaquam capio tantum voluptatis quantum et sollicitudinis et laboris, ut haec ipsa aedilitas, non quia necesse fuerit, alicui candidato data, sed quia sic oportuerit, recte collocata et iudicio populi in loco esse posita videatur.

Worterklärungen

propítius, a, um	gewogen, gnädig
tametsi	obwohl
nequāquam	keineswegs
voluptās, ātis *f*	Freude, Genuß, Vergnügung
aedílitās, ātis *f*	Amt des Ädilen
quia (*Plur. zu quid*)	da, weil
necesse est	es ist unausweichlich, nötig
candidātus	(weißgekleideter) Bewerber
oportet, -tuit, -ēre	(es wendet sich zu) es gehört sich, ist richtig, kommt zu
rectē collocātus	recht/richtig eingerichtet, in Einklang gebracht
in loco	am (rechten) Platz

Erläuterungen

ego – ich: der Gebrauch des Personalpronomens betont die persönliche Stellungnahme des Sprechers vor den Richtern (Vgl. 21_4).

Hinweise

19 propitios: 5_{10} *custodem*
20 velim: 21_9
capio: 27_{18}
21 tantum: 10_{13} *satis*
22 fuerit: 19_8 *dixerit*
collocata: 17_6 *completa*
23 posita: 9_9

Übungen

1. Bestimme Form und Beziehung Z. 1 *vestra, 4 me, 6 provincia, 8 theatro, 9 iucunda, 11 mihi, maxima, 16 rerum, 17 locum, 18 ius, 19 prodendae, 20 iucundissimus, 21 ut, 22 data, 23 iudicio!*
2. Deute die Ausdrucksabsicht auf Grund des Satzbaus Z. 4–6 *ita . . . denegarem.*
3. Bilde Infinitiv Präsens und Stammformen zu Z. 12 *faciundos, 13 placandam, 16 tuendam, commissam, 17 dicendae, 19 prodendae, 23 posita!*

SUUM CUIQUE

41

Paulus nihil domum suam intulit praeter memoriam nominis sempiternam. Imitatus patrem Africanus nihilo locupletior Carthagine ēversā. Quid? Qui eius collega fuit in censura, L. Mummius, num quid copiosior, cum copiosissimam urbem funditus sustulisset? Italiam ornare quam domum suam maluit; quamquam Italiā ornatā domus ipsa mihi videtur ornatior. Nullum igitur vitium taetrius est quam avaritia, praesertim in principibus et rem publicam gubernantibus. Habere enim quaestui rem publicam non modo turpe est, sed sceleratum etiam et nefarium. Itaque, quod Apollo Pythius oraclum edidit Spartam nulla re alia nisi avaritia esse perituram, id videtur non solum Lacedaemoniis, sed etiam omnibus opulentis populis praedixisse. Nulla autem re conciliare facilius benevolentiam multitudinis possunt ii, qui rei publicae praesunt, quam abstinentia et continentia.

Aemilius Paulus, *Sieger über Makedonien* – Scipio Africanus (minor), *vernichtete 146 Carthago* – L. Mummius, *eroberte Korinth 146* – Apollo Pythius, *Apoll: in Delphi verehrt* – Lacedaemonii, iorum, *Bewohner von Lakedaimon/Sparta in Lakonien: Spartaner*

Worterklärungen

imitāri	sich zum Vorbild nehmen, nachahmen	turpis, turpe	schimpflich
locuplēs, locuplētis	(grund)vermögend	scelerātus, a, um	verbrecherisch
censūra, ae *f*	Amt des Censors	nefárius, a, um	schändlich, verantwortungslos, verwerflich
cōpiōsus, a, um	bemittelt, reich		
fúnditus	von Grund aus, völlig	ōrāc(u)lum, i *n*	Orakel, Weissagung
subferre, sústulit, sublātum	aufheben, beseitigen	édere, -dit, -didit, -ditum	herausgeben
vítium, i *n*	Fehler, Laster	opulentus, a, um	reich, mächtig
taeter, taetra, um	scheußlich	praedícere, -cit, -xit, -ctum	voraussagen
avārítia ae *f*	Habgier, Geiz	benevolentia, ae *f*	Wohlwollen
gubernāre	steuern, lenken	abstinentia, ae *f*	(Sich-Fernhalten) Unbestechlichkeit
quaestus, ūs *m*	Erwerb, Gewinn		
quaestui habēre	als Erwerbsquelle ansehen	continentia, ae *f*	(Sich-Zurückhalten) Selbstbeherrschung

Erläuterungen

ornata – ornatior: wie das Adjektiv nehmen auch Partizipien an der Bildung von Vergleichsformen teil (vgl. 11_2 *seniores*). 5

Hinweise

intulit: 23_8 1
domum: 1_9 *Galliam*
memoriam: 4_3 *spem*
imitatus: 13_1 *moratus*
nihilo: 34_{17} *post* 2
locupletior: 39_{13} *quid*
Carthagine: 18_{13} *plus*
qui: 7_3
num quid: 36_{13}; 10_{12}; 24_{12} 3
Italia: Z. 2 *Carthagine* 5
taetrius: 15_3 *longius*
gubernantibus: 12_6 *hortantibus* 6
quod: 21_3 8
re: 2_1 *amicitia*
perituram: 23_{10} *futurum* 9
videtur: 20_5 *dicitur*
Lacedaemoniis: 10_{13} *castris*
qui: Z. 2 11

Qui vero se populares volunt ob eamque causam aut agrariam rem temptant, ut possessores pellantur suis sedibus, aut pecunias creditas debitoribus condonandas putant, labefactant fundamenta rei publicae: concordiam primum, quae esse non potest, cum aliis adimuntur, aliis condonantur pecuniae, deinde aequitatem, quae tollitur omnis, si habere suum cuique non licet. Id enim est proprium, ut supra dixi, civitatis atque urbis, ut sit libera et non sollicita suae rei cuiusque custodia.

Worterklärungen

populāris, e	volksverbunden	dēbitor, ōris *m*	Schuldner
agrāria res	Bodenreform	condōnāre	(allgemein) schenken
temptāre	versuchen	fundāmentum, i *n*	Grund(lage)
possessor, ōris *m*	Besitzer	sollícitus, a, um	beunruhigt

Hinweise

12 qui: 7_3
populares: 5_{10} *custodem*
ut: 14_5
13 sedibus: 3_2 *agris*
condonandas: 22_8 *distinendam*
14 primum: 16_8 *tum*
15 cum: 35_{18}; 7_8
aliis: 10_{13} *castris*
deinde: 20_3
16 cuique: 24_{12} *cui*; 18_4
17 libera: 3_5 *loca*; 20_3

Concordia-Tempel von Agrigent

Lucius Licinius Lucullus, Konsul im Jahre 74

42

Magnum ingenium Lucii Luculli magnumque optimarum artium studium, tum omnis liberalis et digna homine nobili ab eo percepta doctrina, quibus temporibus florere in foro maxime potuit, caruit omnino rebus urbanis. Ut enim, admodum adulescens, cum fratre, pari pietate et industria praedito, paternas inimicitias magna cum gloria est persecutus, in Asiam quaestor profectus, ibi per multos annos admirabili quadam laude provinciae praefuit; deinde absens factus aedilis, continuo praetor (licebat enim celerius legis praemio), post in Africam, inde ad consulatum;

Worterklärungen

ingénium, i *n*	Begabung, Geist, Verstand	pietās, ātis *f*	Ehrfurcht, Pflichtgefühl, Ergebenheit
ars, artis *f*	Geschicklichkeit, Kunst, Beschäftigung, Fertigkeit	praeditus, a, um	versehen, begabt (mit)
		paternus, a, um	väterlich, ... des Vaters
dignus, a, um	vereinbar (mit), würdig	pérsequi, -itur, -secūtus	verfolgen
doctrīna, ae *f*	Wissenschaft, Bildung	contínuo	zusammenhängend, anschließend
carēre, -et, -uit	frei sein (von), entbehren, entfernt sein	consulātus, ūs *m*	Amt des Konsuls, Konsulat
urbānus, a, um	(haupt)städtisch		
pār, paris	gleich, ebenbürtig		

Erläuterungen

Irrealis

florere maxime potuit – (*sie*) *konnte in höchstem Maße blühen*. Durch das folgende *caruit* wird die hier ausgedrückte *Möglichkeit* unmöglich. Einen solchen *irrealen* Gedanken drücken wir im Deutschen meist im Konjunktiv aus: *hätte blühen können*. 3

paternas inimicitias: Feindschaften hatte sich der Vater durch seine Amtsführung in Sizilien zugezogen. Seine Söhne traten für ihn ein und erwirkten Freispruch in Rom. 4

continuo – *anschließend*: im allgemeinen konnte man Quästor werden mit 31 Jahren, Prätor mit 40. Dazwischen lagen das Amt des Ädilen bzw. für Angehörige der Plebs (vgl. 27_4) das des Volkstribunen. Sulla erließ für seine Anhänger einen Wegfall der Wartezeiten. *Lucullus* war unter Sulla während des Krieges gegen Mithridates 87/85 Quästor und blieb als Verwalter in der Provinz Asia. Einen zweiten Krieg gegen Mithridates führte Murena 83/82. 74 wurde Lucullus Konsul, setzte den Krieg gegen Mithridates fort, wurde aber dann durch Pompeius abgelöst, der den Krieg mit einem Sieg beendete. 7

lēgis praemio: durch den Vorteil eines (vermutlich von Sulla erlassenen) Gesetzes.

Hinweise

digna: 3_5 *loca* 2
quibus: 18_9 Periode; 7_3; 8_1
profectus: 13_1 *moratus* 5
quadam: 4_9 *quodam* 6
praefuit: 8_1 *quam diu* 6
factus: 27_5 *obsessa*
post: 34_{17}; 39_{13} 7

quem ita gessit, ut diligentiam admirarentur omnes, ingenium agnoscerent. Post ad Mithridaticum bellum missus a senatu, non modo opinionem vicit omnium, quae de virtute eius erat, sed etiam gloriam superiorum. Idque eo fuit mirabilius, quod ab eo laus imperatoria non admodum exspectabatur, qui adulescentiam in forensi opera, quaesturae diuturnum tempus, Murenā bellum in Ponto gerente, in Asiae pace consumpserat. Sed incredibilis quaedam ingenii magnitudo non desideravit indocilem ūsūs disciplinam. Itaque, cum totum iter et navigationem consumpsisset partim in percontando a peritis, partim in rebus gestis legendis, in Asiam factus imperator venit, cum esset Roma profectus rei militaris rudis.

Mithridaticum bellum, *Krieg gegen Mithridates am Pontus* (*Schw. Meer*) – L. Licinius Murena, *kämpfte 83–81 gegen Mithridates*

Worterklärungen

dīligentia, ae *f*	Sorgfalt, Umsicht	diuturnus, a, um	lang(wierig)
admīrāri	bewundern	dēsīderāre	wünschen, vermissen (-lassen)
agnṓscere, -scit, -vit, -nitum	anerkennen	indócilis, e	unbelehrbar, nicht lernbar
víncere, -it, -vīcit, victum	siegen, besiegen	disciplīna, ae *f*	Auffassung, Lehre, Disziplin, Ordnung
mīrābilis, e	bewundernswert, erstaunlich	percontāri	erkunden, sondieren
eo mirabilius	(um dieses) umso erstaunlicher	perītus, a, um	erfahren
laus imperātṓria	Fähigkeit eines Heerführers	légere, -git, -lēgit, lectum	lesen, sammeln
adulescentia, ae *f*	Jugend	rēs gestae	Taten, Leistungen
forensis ópera	Tätigkeit (eines Anwalts) auf dem Forum		

Erläuterungen

8 ut . . . admirarentur omnes, ingenium agnoscerent: Zwischen Satzgliedern, die nicht mit einer Konjunktion verbunden sind, muß der Sprecher Pausen einlegen. Dadurch erhält das einzelne Glied besonderes Gewicht (vgl. 8_3 regum; 35_{13}). Man kennzeichnet das Fehlen einer solchen Verbindung als *Asyndeton*. Zugleich ist die chiastische Stellung zu beachten (vgl. 20_3).

Asyndeton

10 superiorum – *seiner Vorgänger*: vgl. zu *continuo*.

14 iter: Rom – Brundisium; navigationem: nach Dyrrhachium oder Actium an der Westküste Griechenlands; bis Athen setzte man die Reise auf dem Landweg fort und fuhr dann zu Schiff nach Kleinasien.

16 factus: *gemacht, fertig, vollendet*

Hinweise

13 gerente: 9 Ü Schluß
quaedam: 4_9
15 percontando: 16_1 *decernendi*
16 cum: 25_8
Romā: 3_2 agris

Übungen

1. Welche deutschen Wortstellungsregeln sind Z. 1–3 zu beachten? (vgl. 1_7; 8_1)
2. Bestimme Form und Beziehung Z. 1 *percepta, 3 rebus, 4 industria, 5 gloria, 6 admirabili, provinciae, 8 omnes, 10 superiorum, 12 tempus, 14 iter, 16 imperator.*
3. Bilde verschiedene Übersetzungen zu Z. 12 *Murena bellum gerente, 15 in rebus gestis legendis.*

Pergamon-Altar (Berlin)

43

Habuit enim divinam quandam memoriam rerum, verborum maiorem Hortensius. Sed, quo plus in negotiis gerendis res quam verba prosunt, hoc erat memoria illa praestantior; quam fuisse in Themistocle, quem facile Graeciae principem ponimus, singularem ferunt. Qui quidem etiam pollicenti cuidam se artem memoriae, quae tum primum proferebatur, traditurum respondisse dicitur oblivisci se malle discere; credo, quod haerebant in memoria, quaecumque audierat vel viderat. Tali ingenio praeditus Lucullus adiunxerat etiam illam, quam Themistocles spreverat, disciplinam. Itaque, ut litteris consignamus, quae monumentis mandare volumus, sic ille in animo res insculptas habebat. Tantus ergo imperator in omni genere belli fuit, proeliis, oppugnationibus, navalibus pugnis totiusque belli instrumento et apparatu, ut ille rex post Alexandrum maximus hunc a se maiorem ducem cognitum quam quemquam eorum, quos legisset, fateretur. In eodem tanta prudentia fuit in constituendis temperandisque civitatibus, tanta aequitas, ut hodie stet Asia Luculli institutis servandis et quasi vestigiis persequendis. Sed etsi magna cum utilitate rei publicae, tamen – diutius, quam vellem! – tanta vis virtutis atque ingenii peregrinata abfuit ab oculis et fori et curiae. Quin etiam, cum victor a Mithridatico bello revertisset, inimicorum calumnia triennio tardius, quam debuerat, triumphavit; nos enim consules introduximus paene in urbem currum clarissimi viri.

Hortensius, *neben Cicero bekanntester Anwalt* – Themistocles, *480 Sieger über Xerxes* – Alexander, *der Große 336–323*

Worterklärungen

	quō – hōc (eō)	(um welches), je – desto
	praestans, antis	vorstehend, hervorragend
	negōtium, i *n*	(keine Ruhe), Tätigkeit, Geschäft
	negōtia gérere	Geschäfte betreiben, Beruf ausüben
	prōdesse, -est, prōfuit	(dafür sein), förderlich sein, nützen
	singulāris, e	einzigartig
	ferunt	sie bringen (an), man berichtet
5	prōferre, -fert, -tulit, -lātum	vorbringen
	díscere, -it, dídicit	lernen
	crēdo	glaube ich
	haerēre, -ret, -sit	haften, stecken bleiben
	spérnere, -nit, sprēvit, -ētum	zurückweisen, verachten
	líttera, ae *f*	Buchstabe, Pl. Schriftstück, Brief, Nachricht, Wissenschaft
	consignāre	aufzeichnen, versiegeln
	monumentum, i *n*	Erinnerungsmittel, Denkmal
	inscúlpere, -pit, -psit, -ptum	einmeißeln
	diūtius	länger
10	oppugnātio, iōnis *f*	Sturmangriff
	nāvālis pugna	Schiffs-, Seeschlacht
	instrūmentum, i *n*	Werkzeug
	apparātus, ūs *m*	Vorbereitung, Rüstung
	fatēri	(mit Nachdruck sprechen), erklären, bekennen
	temperāre	(Maß geben), ordnen
	hódiē	heute
	stāre, stat, stetit	stehen, bestehen
	institūta servāre	Eingerichtetes beibehalten
	vestígium, i *n*	Spur
16	peregrīnāri	durch die Lande ziehen, i. d. Fremde sein/leben
	quīn étiam	warum nicht auch, ja sogar, darüber hinaus
	ergō	also, folglich
	victor, ōris *m*	Sieger, siegreich

inimīcus, i *m*	(unfreundlich), Gegner, Feind	tardus, a, um	langsam, spät
calúmnia, ae *f*	Verdrehung, falsche Anklage, Betrug, Verleumdung	triumphāre	als Triumphator einziehen
		intrōdūcere, -cit, -xit, -ctum	hineinführen
triénnium, i *n*	drei Jahre	currus, currūs *m*	Wagen

Erläuterungen

plus – quam: nach einem Komparativ schließen wir das Vergleichsglied nicht mit *wie* an, sondern mit *als* (vgl. 18_{13}; 20_{2}). 2

quae-cum-que: *was-wann-wie*: *alles was*; *quicumque* (nur die erste Silbe ist deklinierbar) ist ein *verallgemeinerndes Relativpronomen*: *jeder, der* (vgl. 30_{2} *quibuscumque*) 6

rex: gemeint ist hier Mithridates. 11

tardius quam debuerat – *später als er es verdient hatte* (*verdient gehabt hätte*): auch Cicero hätte sich des Konjunktivs bedienen können. Der von ihm gewählte Indikativ drückt seine Stellungnahme aus (wie auch 42_{3}), während aus dem deutschen *Irrealis* ein *Bedauern* spricht, ebenso wie aus Z. 15 *vellem*. 17

nos consules: Cicero war einer der Konsuln des Jahres 63. 18

currum – *den Triumphwagen*.

Hinweise

rerum: 20_{3} Wortstellung 1
quam: 23_{20} 3
pollicenti: 12_{4} *petentibus* 4
cuidam: 4_{9}
se: 14_{11}
dicitur: 20_{5} 5
audierat: 20_{4} *compararat* 6
litteris: 4_{1} 8
monumentis: 10_{13} *castris*
insculptas: 9_{12} *relictam* 9
proeliis: 8_{3} *regum* 10
navalibus: 35_{13} *consensum* 10
hunc: 14_{11} 11
quemquam: 19_{4} *quicquam* 12
legisset: 37_{2}
institutis: 4_{1} 14
servandis: 16_{2} *tuendi*
vellem: 21_{9} 27_{18} 15
peregrinata: 13_{1} *moratus* 16
et: 5_{3}
victor: 2_{2} *primi* 17
calumniā: 2_{1} *amicitiā*
triennio: 34_{17} *paucis*

44

Rückblick Ciceros im Jahre 43

Quam diu res publica per eos gerebatur, quibus se ipsa commiserat, omnis meas curas cogitationesque in eam conferebam; cum autem dominatu unius omnia tenerentur neque esset usquam consilio aut auctoritati locus, socios denique tuendae rei publicae, summos viros, amisissem, nec me angoribus dedidi, – quibus essem confectus, nisi iis restitissem, – nec rursum indignis homine docto voluptatibus.

Atque utinam res publica stetisset, quo coeperat, statu nec in homines non tam commutandarum quam evertendarum rerum cupidos incidisset! Primum enim, ut stante re publica facere solebamus, in agendo plus quam in scribendo operae poneremus, deinde ipsis scriptis non ea, quae nunc, sed actiones nostras mandaremus, ut saepe fecimus. Cum autem res publica, in qua omnis mea cura, cogitatio, opera poni solebat, nulla esset omnino, illae scilicet litterae conticuerunt forenses et senatoriae. Nihil agere autem cum animus non posset, in his studiis ab initio versatus aetatis existimavi honestissime molestias posse deponi, si me ad philosophiam rettulissem. Cui cum multum adulescens discendi causa temporis tribuissem, posteaquam honoribus inservire coepi meque totum rei publicae tradidi, tantum erat philosophiae loci, quantum superfuerat amicorum et rei publicae temporibus; id autem omne consumebatur in legendo, scribendi otium non erat.

Worterklärungen

dominātus, ūs *m*	Herrschaft, Tyrannei
neque usquam	(und nicht irgendwo), nirgends
angor, ōris *m*	Beengung, Angst (-gefühl)
rursum	rückwärts, andrerseits, wieder
indignus, a, um	unvereinbar, unwürdig
docēre, -cet, -cuit, doctum	lehren, bilden, darlegen
útinam	wie denn, hoffentlich, wenn doch
incídere, -dit	hinein-, anfallen, zufallen
scrī́bere, -bit, -psit, -ptum	schreiben
áctio, actiōnis *f*	Handlung, Verhandlung, Rede
óperam pṓnere in *m. Abl.*	Mühe aufwenden bei, Arbeitskraft verlegen auf, ~ zuwenden
scī(re)licet	man kann wissen, versteht sich, natürlich
conticḗscere, -scit, -tícuit	verstummen
senātṓrius, a, um	senatorisch, im Senat
inítium, i *n*	Eingang, Anfang
aetās, ātis *f*	Alter, Lebenszeit, Zeitalter, Altersgruppe
molestia, ae *f*	Beschwernis
philosophia, ae *f*	geistige Tätigkeit
referre, -fert, rét-tulit, relātum	zurückbringen, berichten
inservīre	dienen, sich unterordnen

Erläuterungen

2 dominatu unius – *unter der Herrschaft eines einzelnen*: gemeint ist Cäsars Diktatur.

7 quo coeperat: dieser Relativsatz entspricht einem Adjektiv zu dem folgenden *statu* (vgl. 21_3).

10 ea, quae nunc – *das, was jetzt* Cicero schreibt, entspringt philosophischen Betrach-

tungen; seine *actiones*, Reden während seiner *Tätigkeit* als Anwalt und als Politiker, hat er früher veröffentlicht.

honores sind die *Ämter*, die man im Laufe einer politischen Tätigkeit, im *cursus honorum*, bekleiden konnte (vgl. 42_7). 16

amici nennt der Anwalt Cicero seine Klienten. 17

Hinweise

ipsa: vgl. Tab. 5 *ille* 1
omnīs: Tab. 4 *gentīs*
conferebam: 6_5 *con-* 2
angoribus: 10_{17} *pugnae* 4
essem: 43_{18} *debuerat*
voluptatibus: K + B vgl. Z. 4 5
statu: K + B 4_1 7
cupidos: K + B 20_3 8
stante: 4_5 *postero*; 12_6 9
plus: 10_{13} *satis*
poni: 8_8 *nominari* 12
cum: 10_{11} *ubi* 13
ab initio: 3_5 *loca*; 18_9
versatus: 13_1 *moratus* 14
rettulissem: 28_5 *adisset* 15
multum: Z. 9 *plus*; 3_5 *loca*
posteaquam: 22_3 Periode 16
philosophiae: 10_{17} *pugnae* 17
loci: 10_{13} *praesidii*
id: K + B; 8_7 *patrocinium* 18
legendo: 20_3; $42_{8.15}$

Übungen

1. Bestimme Form und Beziehung Z. 1 *quibus, 3 esset, 4 quibus, 5 iis, indignis, 9 operae, 10 scriptis, 11 cura, 14 honestissime, deponi, 15 temporis, 16 honoribus, 17 temporibus!*
2. Deute das Tempus in Z. 2 *conferebam, 4 dedidi, 16 tradidi, 18 consumebatur!*
3. Bilde verschiedene Übersetzungen zu Z. 7 *homines evertendarum rerum cupidos, 9 stante re publica!*
4. Erläutere die Modi in Z. 7 *coeperat, 9 solebamus*, gegenüber *7 stetisset, 8 incidisset, 10 poneremus, mandaremus* (vgl. 14_5, 43_{17})!
5. Erläutere die Ausdrucksabsicht an der Wortstellung von Z. 12 *forenses, 13 Nihil agere!*

45

Fortschritt der Menschheit

Ea enim ipsa, quae inanima diximus, pleraque sunt hominum operīs effecta. Quae nec haberemus, nisi manus et ars accessisset, nec iis sine hominum administratione uteremur. Neque enim valetudinis curatio neque navigatio neque agri cultura neque frugum fructuumque reliquorum perceptio et conservatio sine hominum operā ulla esse potuisset. Iam vero et earum rerum, quibus abundaremus, exportatio et earum, quibus egeremus, invectio certe nulla esset, nisi his muneribus homines fungerentur. Eademque ratione nec lapides ex terra exciderentur ad usum nostrum necessarii nec ferrum, aes, aurum, argentum effoderetur penitus abditum sine hominum labore et manu.

Worterklärungen

inánimus, a, um	unbeseelt
administrátio, iōnis *f*	Verwaltung, Hilfe
valētūdo, dinis *f*	Gesundheit(szustand)
cūrátio, iōnis *f*	Besorgung, Pflege
frūx, frūgis *f*	Frucht (Getreide), Ertrag
percéptio, iōnis *f*	Erfassen, Einsammeln
consèrvátio, iōnis *f*	Erhaltung, Aufbewahrung
abundāre	überfließen, Überfluß haben
exportátio, iōnis *f*	Export, Ausfuhr
invéctio, iōnis *f*	Import, Einfuhr
mūnus, múneris *n*	Leistung, Dienst, Geschenk
ferrum, i *n*	Eisen
aes, aeris *n*	Erz, Metall
aurum, i *n*	Gold
argentum, i *n*	Silber
effódere, -dit, -fōdit, -fossum	ausstechen, -graben
pénitus	nach innen, tief

Erläuterungen

2 haberemus: Die irrealen Überlegungen dieses Abschnitts entsprechen deutschem Sprachgebrauch.

sine ... administratione: kurze und längere Umklammerungen sind in diesem Abschnitt besonders zu beachten, auch die Formen und Beziehungen.

Hinweise

1 inanima: 12_7 *sua*; 5_{10}
operīs: 4_1
quae: 7_{12} *qua re*
2 haberemus: 43_{18} *debuerat*
3 neque: 21_1; vgl. *et-et* 5_3
4 -que . . . et: 35_{13} *consensum*
5 et: 5_3; 1_2
abundaremus: 37_2

Übungen

1. Bestimme Form und Beziehung Z. 1 *pleraque, quae, 5 ulla, 6 earum, 7 eademque, 8 necessarii, abditum!*
2. Welchen Sinn haben die Konjunktive Z. 3 *uteremur, 5 abundaremus,* (vgl. Z. 2; 14_1) 6 egeremus, 7 fungerentur?

46

Tecta vero, quibus et frigorum vis pelleretur et calorum molestiae sedarentur, unde aut initio generi humano dari potuissent aut postea subveniri, si aut vi tempestatis aut terrae motu aut vetustate cecidissent, nisi communis vita ab hominibus harum rerum auxilia petere didicisset? Adde ductūs aquarum, derivationes fluminum, agrorum irrigationes, moles oppositas fluctibus, portūs manu factos – quae unde sine hominum opere habere possemus? Ex quibus multisque aliis perspicuum est: qui fructus quaeque utilitates ex rebus iis, quae sint inanimae, percipiantur, eas nos nullo modo sine hominum manu atque operā capere potuisse. Qui denique ex bestiis fructus aut quae commoditas, nisi homines adiuvarent, percipi posset? Nam et qui principes inveniendi fuerunt, quem ex quaque belua usum habere possemus, homines certe fuerunt nec hoc tempore sine hominum opera aut pascere eas aut domare aut tueri aut tempestivos fructus ex iis capere possemus; ab eisdem et, quae nocent, interficiuntur et, quae usui possunt esse, capiuntur.

Worterklärungen

calor, calōris *m*	Wärme	oppósitus, a, um	entgegengesetzt
sēdāre	sich setzen lassen, beruhigen	fluctus, fluctūs *m*	Flut
hūmānus, a, um	menschlich	perspícuus, a, um	durchschaubar, offenbar
subvenīre, -nit, -vēnit, -ntum	nach-, zu Hilfe kommen	bḗstia, ae *f*	(wildes) Tier
vetustās, ātis *f*	Alter	commóditās, ātis *f*	Bequemlichkeit
áddere, -dit, áddidit, -ditum	hinzufügen	invenīre, -nit, -vēnit, -ntum	kommen auf, antreffen, finden, erfinden
		bḗlua, ae *f*	Tier, Untier
ductūs aquārum	Wasserleitungen, Aquädukte	pā́scere, -scit	auf die Weide führen, weiden, füttern
dērīvā́tio, iōnis *f*	Ableitung	domāre, -at, -uit, -itum	zähmen
irrigā́tio, iōnis *f*	Bewässerung		
mōlēs, mōlis *f*	Masse, Last, Mole	tempestīvus, a, um	jahreszeitlich

Erläuterungen

Adde: Mit diesem Imperativ redet der Autor seinen Hörer und Leser an. 4
qui fructūs als Einleitung eines Relativsatzes und 7
qui denique ... fructus als Einleitung eines Fragesatzes sind nur durch den Sprechton, (indem bei der Frage die Stimme gehoben wird), unterscheidbar (vgl. 21_3; 35_{17}). 9
ex quaque belua: *quis/qui* haben die gleichen Deklinationsformen; *quisque – wer (irgend)wie* geben wir mit *jeder* wieder.

Hinweise

pelleretur: 14_5 *demigrarent* 1
unde: 35_{17} *quî*; *quae* 2
initio: 4_5 *postero*
cecidissent: 9_2 *misit* 3
rerum: 1_2 Galliae 4
adde: 39_{15} *age* 4
quae: *quod ubi* 10_{11} 6
sint: 14_1; 19_7 7
et: 1_2 10
quem: 21_3 quod
usui: 24_{13} 13

Übungen

1. Deute den Sinn der Form Z. 1 *pelleretur, 7 sint, 8 potuisse!*
2. Bestimme das Subjekt zu Z. 2 *potuissent!*
3. Bestimme Form und Beziehung Z. 3 *vita, 4 auxilia, ductus, 6 quae, 10 quem!*
4. Erläutere die Beziehung des Satzes Z. 10 *quem ... possemus?*
5. Wozu dient *et* Z. 10: 13?

47

Quid enumerem artium multitudinem, sine quibus vita omnino nulla esse potuisset? Qui aegris subveniretur, quae esset oblectatio valentium, qui victus aut cultus, nisi tam multae nobis artes ministrarent? Quibus rebus exculta hominum vita tantum distat a victu et cultu bestiarum. Urbes vero sine hominum coetu non potuissent nec aedificari nec frequentari; ex quo leges moresque constituti, tum iuris aequa discriptio certaque vivendi disciplina; quas res et mansuetudo animorum consecuta et verecundia est effectumque, ut esset vita munitior atque ut dando et accipiendo mutuandisque facultatibus et commodandis nulla re egeremus.

Worterklärungen

ēnumerāre	aufzählen	aedificāre	bauen
aeger, aegra, um	krank	frequentāre	zahlreich besuchen, bevölkern
oblectā́tio, iōnis *f*	Unterhaltung, Freude		
victus, victūs *m*	Leben(sweise, -unterhalt)	discríptio, iōnis *f*	Einteilung, Gliederung
cultus, cultūs *m*	Pflege, Bearbeitung, Kultur	mansuētūdo, dinis *f*	Zähmung, Milde, Freundlichkeit
ministrāre	dienen, helfen	cónsequi, -séquitur, -secūtus	einholen, erreichen, verfolgen
excólere, -it, -cóluit, -cultum	ausbilden, verfeinern	verēcúndia, ae *f*	Ehrfurcht, Achtung
distāre	auseinanderstehen, sich unterscheiden	mutuāri	austauschen
		commodāre	anpassen

Erläuterungen

1 quid enumerem – *was soll ich aufzählen*: auch in der Frage drücken die Konjunktive *Überlegungen*: Wunsch, Aufforderung, Möglichkeit aus. (vgl. 37_2)

7 est: durch die Stellung bezieht sich die Form zugleich auf *consecuta* und *effectumque* (vgl. 29_1 *convenit*)

Hinweise

1 enumerem: 22_8 curet 27_{18}

2 qui: $35_{17.18.}$ $46_{7.9}$

subveniretur: 6_5 *concurritur*

3 Quibus: 7_{12} *qua re*

5 ex quo: 39_{13} *quid*

7 munitior: 41_5 *ornatior*; 7_8

7 vita: 1_6 *Rhenus* 18_9 Wortstellung

8 dando: 4_1; 16_1

Übungen

1. Bestimme Form und Beziehung Z. 1 *artium, nulla, 3 exculta, 7 consecuta, 8 nulla!*
2. Vergleiche die Ausdrucksabsicht an den Negationen Z. 5 *nec – nec* gegenüber Z. 6 f. *et – et -que!*
3. Bilde verschiedene Übersetzungen der *-nd-* Formen in Z. 8!

48

Cicero stellt die Schuld der Anhänger Catilinas fest:

Lentulus ad evertenda fundamenta rei publicae Gallos accersit, servitia concitat, Catilinam vocat, attribuit nos trucidandos Cethego et ceteros cives interficiendos Gabinio, urbem inflammandam Cassio, totam Italiam vastandam diripiendamque Catilinae.
Vereamini, censeo, ne in hoc scelere tam immani ac nefando aliquid severius statuisse videamini – multo magis est verendum, ne remissione poenae crudeles in patriam quam ne severitate animadversionis nimis vehementes in acerbissimos hostes fuisse videamur.

Worterklärungen

servítium, i *n*	Sklavenstand, -schaft	immānis, immāne	unhold, furchtbar
concitāre	zusammenziehen, aufbieten	nefandus, a, um	unaussprechlich, schrecklich
trucīdāre	ermorden	sevērus, a, um	streng, hart
vastāre	entleeren, vernichten	remíssio, iōnis *f*	Nachlassen, Milderung
inflammāre	entflammen, anzünden, niederbrennen	poena, ae *f*	Strafe, Bestrafung
dīrípere, -pit, -puit, -reptum	zerreißen, plündern	animadvérsio, iōnis *f*	Beobachtung, Strafverfolgung
verēri, nē	darauf achten, daß nicht	nimis	allzu (sehr), überaus
scelus, scéleris *n*	Verbrechen	acerbus, a, um	bitter, rücksichtslos

Erläuterungen

severius: ein Vergleich liegt nicht vor; daher könnte als Übersetzung anstatt *strenger* 5 eine Steigerung *zu streng* gewählt werden.

Hinweise

trucidandos: 22_8 *distinendam* 2
vereamini: 27_2 *videamini*; 19_3 5
immani: 12_1 *omni* 5
severius: 15_3 *longius*

Übungen

1. Bestimme Form und Beziehung Z. 1 *evertenda, 5 nefando, severius, 7 animadversiones, acerbissimos!*
2. Vergleiche die Wortstellung an den Prädikaten Z. 1 *accersit, 2 attribuit!*
3. Welches Stilmittel erscheint in Z. 3 *vastandam diripiendamque* (vgl. 19_8)?
4. Beurteile den Personenwechsel *Z. 5 videamini : 8 videamur!*

49

Sed ea, quae exaudio, patres conscripti, dissimulare non possum. Iaciuntur enim voces, quae perveniunt ad aures meas, eorum, qui vereri videntur, ut habeam satis praesidii ad ea, quae vos statueritis hodierno die, transigenda. Omnia et provisa et parata et constituta sunt, patres conscripti, cum mea summa cura atque diligentia, tum etiam multo maiore populi Romani ad summum imperium retinendum et ad communes fortunas conservandas voluntate. Omnes adsunt omnium ordinum homines, omnium denique aetatum; plenum est forum, plena templa circum forum, pleni omnes aditus huius templi ac loci. Causa est enim post urbem conditam haec inventa sola, in qua omnes sentirent unum atque idem praeter eos, qui, cum sibi viderent esse pereundum, cum omnibus potius quam soli perire voluerunt. Hosce ego homines excipio et secerno libenter neque in improborum civium, sed in acerbissimorum hostium numero habendos puto.

Worterklärungen

exaudīre	heraushören	cum – tum	wenn – dann, einerseits – andererseits
dissimulāre	verheimlichen, verbergen	circum *b. Akk.*	rings um
iácere, -cit, iēcit, iactum	werfen, hinwerfen	cónditus, a, um	zusammengesetzt, gegründet
auris, auris *f*	Ohr	excípere, -it, -cēpit	(her)ausnehmen
verēri, ut	darauf achten, daß ja	sēcérnere, -nit, -crēvit, -crētum	aussondern
transígere, -git, -ēgit, -actum	durchführen, verbringen	libenter	(nach Belieben), gern
		ímprobus, a, um	unredlich, gewissenlos

Erläuterungen

2 qui vereri videntur, ut ... habeam – *die sich Gedanken (darüber) zu machen scheinen, wie ich (wohl ... zur Verfügung) habe.* Aus dieser Nachahmung ergibt sich die in den Vokabeln angegebene Verdeutschung (vgl. 19_3).

Futur II

3 quae vos statueritis – *was ihr beschlossen haben werdet*: mit dieser Form des *Futur II,* die bis auf die erste Person (*statuero*) mit dem Konjunktiv Perfekt gleichlautet, kann eine in der Zukunft als abgeschlossen gedachte Handlung ausgedrückt werden.

11 Hosce homines – *gerade diese Menschen*: *-ce* verstärkt den durch das Demonstrativpronomen ausgedrückten Hinweis. Diese Silbe kann in einigen Kasus angehängt werden, in *hic* und anderen Formen ist sie verkürzt.

Hinweise

3 transigenda: 16_2 *tuendi*
5 maiore: 18_9 Wortstellung
7 plena: 39_{13}; 21_1
9 sentirent: 37_2 *interclusisset*
10 qui: 22_3 Periode
11 excipio: 27_{18}

Übungen

1. Bestimme Wortart und Beziehung an Z. 4 ff. *cum ...* (vgl. 3_5)!
2. Vergleiche die Wortstellung an den Prädikaten *Z. 11 secerno, 12 puto!*
3. Welches Stilmittel erscheint in den Worten Z. 11 *excipio et secerno, Z. 6 Omnes ... homines?*
4. Beschreibe den Satzbau Z. 8–11 und deute den Sinn der Modi (vgl. Ü 24,3; 31_8)!

CONSERVATA RES PUBLICA

50

Ego, quanta manus est coniuratorum, quam videtis esse permagnam, tantam me inimicorum multitudinem suscepisse video, sed eam iudico turpem et infirmam et abiectam. Quodsi aliquando alicuius furore et scelere concitata manus ista plus valuerit quam vestra ac rei publicae dignitas, me tamen meorum factorum atque consiliorum numquam, patres conscripti, paenitebit. Etenim mors, quam illi mihi fortasse minitantur, omnibus est parata; vitae tantam laudem, quantā vos me vestris decretis honestastis, nemo est assecutus. Ceteris enim bene gestā, mihi uni conservatā rē publicā gratulationem decrevistis.
Sit Scipio clarus ille, cuius consilio atque virtute Hannibal in Africam redire atque Italia decedere coactus est; ornetur alter eximia laude Africanus, qui duas urbes huic imperio infestissimas, Carthaginem Numantiamque, delevit; habeatur egregius Paulus ille, cuius currum rex potentissimus quondam et nobilissimus Perses honestavit; sit aeternā gloriā Marius, qui bis Italiam obsidione et metu servitutis liberavit; anteponatur omnibus Pompeius, cuius res gestae atque virtutes īsdem, quibus solis cursus, regionibus ac terminis continentur: erit profecto inter horum laudes aliquid loci nostrae gloriae, nisi forte maius est patefacere nobis provincias, quo exire possimus, quam curare, ut etiam illi, qui absunt, habeant, quo victores revertantur.

Worterklärungen

coniūrātus, a, um	verschworen	nēmo (ne + homo) nēminis	nicht ein (Mensch), niemand
permagnus, a, um	sehr, übergroß	ássequi, -itur, -secūtus	erreichen
suscípere, -pit, -cēpit, -ceptum	unter-, übernehmen	grātulátio, iōnis *f*	Danksagung, Glückwunsch
abiectus, a, um	verworfen	dēcḗdere, -dit, -cessit, -cessum	weggehen, abziehen
furor, furōris *m*	Wahnsinn, Leidenschaft, Verbohrtheit, Fanatismus	exímius, a, um	ausnehmend, besonders
paénitet mē facti mei	mich erfaßt Reue über meine Tat, ich bereue ...	quondam	einmal, ehemals
étenim	nämlich, und tatsächlich, denn gerade	aeternus, a, um	unsterblich, ewig
		bis	zweimal
fortasse	vielleicht	sōlis cursus	(Lauf) Bahn der Sonne
minitāri	androhen		
dēcrētum, i *n*	Beschluß	términus, i *m*	Grenze, Ende
honestāre	ehren, auszeichnen	fors, fortis *f*	Schicksal, Zufall

Erläuterungen

paenitebit: In der a- und e-Konjugation ist ein *-b-* das Tempuszeichen für das Futur (vgl. Übersicht in der Tabelle). 5

Hinweise

quam: K + B 23_{20} 1
turpem: 5_{10} 2
valuerit: 49_3 *statueritis* 4
honestastis: 21_1 *nostis* 8
sit: 21_3 *avertant* 9
Italiā: 3_2 *agris* 10
habeatur: 7_{21} 11
sit: 7_1 *esse*; 21_3 avertant 13
metu: 4_3 *spem*
īsdem: 10_{16}; 26_7 15
continentur: 5_3 *excitabantur*
erit: 21_{15} *erimus*
aliquid: 10_{13} *satis* 16
victores: 2_2 *primi* 18

6 6830

51

C. Sallustius Crispus, Bellum Jugurthinum 62,10 – 64,4
MARIUS

Romae senatus de provinciis consultus Numidiam Metello decreverat. Per idem tempus Uticae forte Mario per hostias dis supplicanti magna atque mirabilia portendi haruspex dixerat; proinde, quae animo agitabat, fretus dis ageret, fortunam quam saepissume experiretur; cuncta prospere eventura. At illum iam antea consulātūs ingens cupido exagitabat, ad quem capiundum praeter vetustatem familiae alia omnia abunde erant: industria, probitas, militiae magna scientia, animus belli ingens, domi modicus, lubidinis et divitiarum victor, tantum modo gloriae avidus. Sed is natus et omnem pueritiam Arpini altus, ubi primum aetas militiae patiens fuit, stipendiis faciundis, non Graeca facundia neque urbanis munditiis sese exercuit: ita inter artīs bonas integrum ingenium brevi adolevit. Ergo ubi primum tribunatum militarem a populo petit, plerisque faciem eius ignorantibus factis notus per omnīs tribūs declaratur. Deinde ab eo magistratu alium, post alium sibi peperit semperque in potestatibus eo modo agitabat, ut ampliore, quam gerebat, dignus haberetur. Tamen is ad id locorum talis vir – nam postea ambitione praeceps datus est – consulatum appetere non audebat. Etiam tum alios magistratūs plebs, consulatum nobilitas inter se per manus tradebat. Novos nemo tam clarus neque tam egregiis factis erat, quin is indignus illo honore et quasi pollutus haberetur.

C. Marius, *Besieger der Numider, Kimbern und Teutonen* – Numidia, *heute Algerien* – Quintus Caecilius Metellus, *Konsul 109* – Utica, *phöniz. Kolonie in N'Afrika* – Arpinum, *im SO von Latium*; *Volskerstadt* – Graecus, a, um, *griechisch, Grieche*

Worterklärungen

consúlere, -lit, -luit, -ltum	zusammennehmen, versammeln, beraten, fragen, planen
hóstia, ae *f*	Opfer(tier)
supplicāri	gnädig stimmen, sich zuwenden, beten
porténdere, -dit, -ntum	entgegenstrecken, vorweisen
haruspex, haruspicis *m*	Priester, der aus den Eingeweiden der Tiere weissagt
proinde	demnach, daher
frētus, a, um	gestützt, vertrauend
agitāre	betreiben, bedenken
quam saepíssumē	möglichst oft
cuncti, ae, a	alle (insgesamt)
prósperus, a, um	glücklich
ēvenīre, -nit, -vēnit, -ntum	herauskommen, ausgehen
5 ingens, ingentis	gewaltig
cupīdo, cupídinis *f*	Verlangen
exagitāre	heraustreiben, beunruhigen
abundē	im Übermaß
próbitās, ātis *f*	Anständigkeit, Ehrlichkeit
mīlítia, ae *f*	Kriegsdienst
domi	zu Hause
módicus, a, um	maßvoll, anspruchslos
lu-, libīdo, inis *f*	Trieb, Leidenschaft
dīvítiae, ārum *f*	Schätze, Reichtum
tantum modo	so sehr irgendwie, ziemlich, nur, lediglich
ávidus, a, um	strebend, versessen
puerítia, ae *f*	(frühe) Jugend, Jungentage
álere, -it, aluit, altum	nähren, aufziehen
stipéndium, i *n*	Kriegsdienst, Sold
fācúndia, ae *f*	Redegabe, -gewandtheit
mundítia, ae *f*	Sauberkeit, Feinheit
10 exercēre, -cet, -cuit	üben, ausbilden, plagen
adoléscere, -scit, -lēvit, adultum	heranwachsen
tribūnātus militāris	Offiziersstelle
fáciēs, faciēi *f*	Äußeres, Erscheinung

ignōrāre	nicht kennen	praeceps, -cípitis	kopfüber, unberechenbar	15
tribus, tribūs *f*	Drittel, Stadtteil, Wahlbezirk	∼ dari	stürzen	
dēclārāre	(als gewählt) erklären	novŏs (homo)	in der Politik neuer Mann, ohne senatorische Ahnen	
párere, -rit, péperit, partum	erwerben, gewinnen	pollūtus, a, um	beschmutzt, unrein	
amplus, a, um	weit, bedeutend			
ambítio, iōnis *f*	(Umgehung), Ehrgeiz, Umwerben			

Erläuterungen

Der im Jahre 86 geborene Historiker SALLUST war unter Cäsar in den Jahren 46/45 Gouverneur der Provinz Afrika und erwarb hier ein erhebliches Vermögen. Danach zog er sich ins Privatleben zurück. Seine Werke publizierte er nach Cäsars Tode.

Romae: Diese mit dem Genitiv gleichlautende Form ist ursprünglich eine besondere Form zur Angabe des Ortes, ein *Lokativ*; ähnlich Z. 2 *Uticae*, Z. 8 *Arpini* 1

Lokativ

quam saepissime (*posset*) – *wie am häufigsten* (*er/könnte*). Im Lateinischen wird der Zusatz einer Form von *posse* auch unterlassen. Verkürzt sagen wir: *möglichst oft* (vgl. 22_{10}). 4

quam b. Superlativ

victor – avidus: Substantiv und Adjektiv stehen hier als Attribute auf gleicher Stufe (vgl. zu 21_{14}). Sallust liebt solche Ungleichheiten; im Deutschen würden wir dem *Sieger* (*über*) ein *beherrscht* (*in*) vorziehen. 7

militiae patiens: Dies Partizip Präsens (*zu pati*) hat wie ein Substantiv ein Genitivattribut bei sich: *wehrfähig*. 8

tribunatus militaris: jede Legion hatte 6 Tribunen. Junge Römer, die in die politische Laufbahn eintreten wollten, leisteten Wehrdienst vorher. Die Ämter standen seit 367 allen, auch der Plebs offen, jedoch gelangten nur wenige zum Konsulat, die nicht zum Senatorenstande gehörten; in der Zeit zwischen Marius und Cicero waren es nur zwei (vgl. zu 42_7 *continuo*). 11

ampliore: nämlich *potestate* 13

novos: Sallust bevorzugt altertümliche Wortformen; -os hat sich später zu -us entwickelt (vgl. zu 1_1.) 15

Hinweise

dīs: 21_3 2
supplicanti: 12_4 *petentibus*
magna: SE vgl. 12_7 *sua*; 10_{11}
ageret: 14_5 *uti*; 22_2 *adeat* 3
eventura: 23_{15} *futurum* 4
capiundum: 18_{12} *potiundorum* 5
altus: 27_5 *obsessa* 8
artīs: vgl. Tab. 4 *gentīs* 10
ignorantibus: 12_4 *petentibus*; 21_{14} 11
factis: 29_8 *dictum* 12
id: 10_{13} *satis* 14
novŏs: 1_1 *populŏs*
quin: 20_6 17

52

Igitur ubi Marius haruspicis dicta eodem intendere videt, quo cupido animi hortabatur, ab Metello petundi gratia missionem rogat. Quoi quamquam virtus, gloria atque alia optanda bonis superabant, tamen inerat contemptor animus et superbia, commune nobilitatis malum. Itaque primum commotus insolita re mirari eius consilium et quasi per amicitiam monere, ne tam prava inciperet neu super fortunam animum gereret: non omnia omnibus cupiunda esse, debere illi res suas satis placere; postremo caveret id petere a populo Romano, quod illi iure negaretur. Postquam haec atque alia talia dicit neque animus Mari flectitur, respondit, ubi primum potuisset per negotia publica, facturum sese, quae peteret. Ac postea saepius eadem postulanti fertur dixisse, ne festinaret abire: satis mature illum cum filio consulatum petiturum. Is eo tempore contubernio patris ibidem militabat, annos natus circiter viginti. Quae res Marium quom pro honore, quem affectabat, tum contra Metellum vehementer accenderat.

Worterklärungen

igitur	also
eōdem	gerade dahin
inténdere, -ndit, -ntum	anspannen, zielen
pétere	anstreben, sich bewerben, verlangen
grātia, ae *f*	Annehmlichkeit, gute Beziehung, Beliebtheit, Dank
grātiā	um . . . willen, zuliebe
míssio, iōnis *f*	Entlassung, Urlaub
optāre	wünschen, verlangen
inesse	darin sein, eigen sein
contemptor animus	verächtlicher Sinn
supérbia, ae *f*	Überheblichkeit, Stolz
mīrāri	sich wundern, bewundern
commovēre, -vet, -mōvit, -mōtum	bewegen, erregen
insólitus, a, um	ungewohnt, ungewöhnlich
5 monēre, -et, -uit, -itum	mahnen, auffordern, erinnern
prāvus, a, um	verkehrt, aussichtslos
neu (*setzt ‚nē' fort*)	und nicht
super *b. Akk.*	über (. . . hinaus), oberhalb
cúpere, -pit, -pīvit, -pītum	wünschen, verlangen
cavēre, -vet, cāvit, cautum	vorsichtig sein, Vorsicht üben, achtgeben
fléctere	beugen, ändern
10 fertur	er wird gebracht, geschildert
festīnāre	eilen, beschleunigen
abīre	weggehen
contubérnium, i *n*	Zeltgemeinschaft
íbidem	ebenfalls dort
mīlitāre	dienen
affectāre	anstreben
accéndere, -ndit, -nsum	anzünden, aufbringen

Hinweise

2 petundi: 51_5 *capiundum*
quoi: Tab. 5: *cui*
3 optanda: 17_3 *timendum*
contemptor: 51_7 *victor*
4 malum: 2_4 *finitimi*
5 mirari: 10_2 *dimittere*
6 cupiunda: Z. 2. 3
illi: Tab. 5
7 caveret: 51_3 *ageret*
8 Mari: 26_7 *exisset*
9 potuisset: 28_5 *adisset*
10 fertur: 20_5 *dicitur*
11 contubernio: 4_1 Ablativ
12 annos natus: *Jahre (lang geboren) alt*; vgl. 13_1 *paucos diēs*
quom: 35_{18}; 49_4

53

Der zur Zeit des Kaisers Augustus lebende Historiker LIVIUS vergleicht in seinem Werk AB URBE CONDITA Alexander den Großen von Makedonien mit der Größe Roms und kommt zu dem Schluß: (IX 19_9)

Uno proelio victus Alexander bello victus esset;
Romanum, quem Caudium, quem Cannae non fregerunt –
quae fregisset acies?

Diese Auffassung belegt er mit einem geschichtlichen Überblick: (IX 19_{12}–20_{10})

Titus Livius, Ab urbe condita libri IX 19,12 – 20,10
ARMA – IURA

Equidem, cum per annos quattuor et viginti (XXIV) primo Punico bello classibus certatum cum Poenis recordor, vix aetatem Alexandri suffecturam fuisse reor ad unum bellum; et forsitan, cum et foederibus vetustis iuncta res Punica Romanae esset, et timor par adversus communem hostem duas potentissimas armis virisque urbes armaret, simul Punico Romanoque óbrutus bello esset. Non quidem Alexandro duce nec integris Macedonum rebus, sed experti tamen sunt Romani Macedonem hostem adversus Antiochum, Philippum, Persen non modo cum clade ulla, sed ne cum periculo quidem suo.

Punicum bellum, *Punischer Krieg 264–241, 218–201* – Poeni, *aus Phönizien stammende Punier* – Antiochus, *König von Syrien, 190 besiegt* – Philippus V., *197 besiegt* – Perses, *168 besiegt*

Worterklärungen

frángere, -git, frēgit, fractum	zerbrechen	foedus, fo̍ederis	Vertrag, Bündnis
équidem	allerdings, jedenfalls	vetustus, a, um	alt, ehemalig, althergebracht
certāre	entscheiden, kämpfen, streiten	iúngere, -git, -xit, -ctum	(ver)binden, verbünden
suffícere, -cit, -fēcit, -ctum	genügen	adversus	zugewandt, gegen
		armāre	bewaffnen
rēri, reor, ratus	berechnen, denken, meinen	obrúere, -it, -rūtum	überschütten, überwältigen
fors sit an: fórsitan	(es mag Zufall sein) vielleicht	clādēs, clādis *f*	Schlag, Niederlage

Erläuterungen

Caudium Cannae: Schauplätze schwerster Niederlagen der Römer gegen Sammiten und Karthager

Persen ist der griechische Akkusativ zu Perseus (von Makedonien). Dieser war wie 7
Antiochus von Syrien Verbündeter Hannibals. Antiochus unterstützte die Makedonen in Griechenland gegen die Römer, wurde zurückgedrängt und in Syrien bei Magnesia 190 vernichtend geschlagen.

Hinweise

cum: 35_{18}; 7_8 1
certatum: 14_{11} 2
recordor: 40_4 *arbitrarer*
suffecturam: 23_{15} *futurum*; 30_{12}
et – et: 5_3 3
cum: 35_8

iuncta: 18_9 Wortstellung; 1_3 *finitima* 3
esset: 7_8 *divisae;* 45_2 4
armis: 2_1 *amicitia* 20_3
obrutus: nämlich Alexander 5
duce: 21_{14} 6
periculo: 18_9 *a b a b* 8

Absit invidia verbo et civilia bella sileant! Numquam a pedite, numquam aperta acie, numquam aequis, utique numquam nostris locis laboravimus; equitem, sagittas, saltus impeditos, avia commeatibus loca gravis armis miles timere potest; mille acies graviores quam Macedonum atque Alexandri avertit avertetque, modo sit perpetuus huius, quā vivimus, pacis amor et civilis cura concordiae.

Worterklärungen

invídia, ae *f*	(Anschauen voller) Abneigung, Neid, Haß, Widerstand	labōrāre	Mühe haben, in Gefahr sein
silēre	schweigen, außer Betracht bleiben	sagitta, ae *f*	Pfeil
pedes, péditis *m*	Soldat zu Fuß	saltus, saltūs *m*	Wald, Berg
útique	wie auch immer, jedenfalls	ávius, a, um	weglos, unwegsam
		amor, amōris *m*	Verlangen, Liebe

Erläuterungen

9 nostris locis – *auf einem für uns (die Römer) günstigen Gelände*
12 modo sit perpetuus – *mag in einer Weise dauernd sein: sofern . . . andauert.*

Hinweise

8 absit: 14_5 *uti*; 21_3 *avertant*
11 armis: 4_1
12 avertet: 21_{12}
12 huius: 20_3; 1_2 *Galliae*
13 civilis: 3_5 *loca*

Alexander

54

Marcus Folius Flaccina inde et Lucius Plautius Venox consules facti. Eo anno a frequentibus Samnitium populis de foedere renovando legati cum senatum, humi strati, movissent, reiecti ad populum haudquaquam tam efficaces habebant preces. Itaque de foedere negatum: indutiae biennii, cum per aliquot dies fatigassent singulos precibus, impetratae. Et ex Apulia Teanenses Canusinique, populationibus fessi, obsidibus Lucio Plautio consuli datis, in deditionem venerunt.
Eodem anno primum praefecti Capuam creari coepti, legibus a Lucio Furio praetore datis, cum utrumque ipsi pro remedio aegris rebus discordiā intestinā petissent, et duae Romae additae tribus, Ufentina ac Falerna. Inclinatis semel in Apulia rebus, Teates quoque Apuli ad novos consules, Gaium Iunium Bubulcum, Quintum Aemilium Barbulam, foedus petitum venerunt, pacis per omnem Apuliam praestandae populo Romano auctores. Id audacter spondendo impetravere, ut foedus daretur, neque ut aequo tamen foedere, sed ut in dicione populi Romani essent.

Samnites, *Stämme in Mittelitalien, die den Römern nach wechselvollen Kämpfen unterlagen* – Apulia, *im SO von Italien* – Capua, *seit 340 römisch*

Worterklärungen

hūmus, i *f*	Erde, Boden	fessus, a, um	erschöpft
stérnere, -nit, strāvit, strātum	hinstrecken	praefectus, i *m*	Vorgesetzter
reícere, -it, reiēcit, reiectum	zurück-, verwerfen, verweisen	discórdia, ae *f*	Uneinigkeit
haud quāquam	nicht in einer Weise, keineswegs	intestīnus, a, um	innerpolitisch
éfficax, efficācis	wirksam	inclīnātus, a, um	zugeneigt, in Bewegung gesetzt
indū́tiae, ārum *f*	Waffenstillstand	semel	einmal
biénnium, i *n*	zwei Jahre	audax, audācis	verwegen, dreist, rücksichtslos
fatīgāre	ermüden, belästigen	spondēre, -det, spopondit, -nsum	geloben
populā́tio, iōnis *f*	Verheerung		

Erläuterungen

eo anno: 319/318 1
praefecti gab es im Heer und in der Verwaltung. Ursprünglich war der Prätor (aus *prae-itor – der vorangeht*) der Heerführer; seit dem Ende der etruskischen Herrschaft (510) standen Konsuln an der Spitze, die Prätoren leiteten Verwaltung und Gerichtsbarkeit in Rom. 7
utrumque: es bezieht sich auf *praefectos* und *leges* 8
aequum foedus erfolgte unter gleichberechtigten Partnern; die meisten Völker boten eine *deditio an* (vgl. 34_{17} recepit).

Hinweise

facti: 39_{13} 1
cum: 10_{11} *ubi* 2
humi: 51_1 *Romae*
reiecti: 27_5 *obsessa* 3
coepti: 12_1 7
rebus: 10_{13} *castris* 8
discordia: 2_1 *amicitia*
petissent: 21_1 *nostis* 8
inclinatis: 9_4 *factis* 9
petitum: 38_2 *rogatum* 11
auctores: nämlich die *consules*: vgl. 2_4 12
audacter: 12_4 *liberaliter*
impetravere: 26_2 *pugnarunt*

Konstantinsbogen am Colosseum

Apuliā perdomitā – nam Forento quoque, valido oppido, Iunius potitus erat – in Lucanos perrectum; inde repentino adventu Aemilii consulis Nerulum vi captum. Et postquam res Capuae stabilitas Romanā disciplinā fama per socios vulgavit, Antiatibus quoque, qui se sine legibus certis, sine magistratibus agere querebantur, dati ad iura statuenda ipsius coloniae patroni. Nec arma modo, sed iura etiam Romana late pollebant.

Lucani, *wohnten westlich von Apulien* – Nerulum, *im Süden Lukaniens* – Antiates, *Bewohner von Antium, seit 338 römisch*

Worterklärungen

perdomāre, -mat, -muit, -mitum	zähmen, unterwerfen	vulgāre	(im Volk) bekanntmachen
válidus, a, um	stark	colṓnia, ae *f*	Siedlung, Kolonie
pérgere, -git, -rexit, -ctum	fortfahren, -setzen	patrōnus, i *m*	Betreuer, Patron
		lātē	weit und breit
fāma, ae *f*	Gerede, Nachricht	pollēre	stark sein, gelten

Erläuterungen

18 patronus – *väterlicher Ratgeber*: als solcher galt ein Senator gegenüber seinen *clientes*; außerdem wurden so Senatoren genannt, die die Interessen von *socii* und Roms Politik bei diesen vertraten (vgl. 8_7 *patrocinium*, 22_9 *pacati*).

14 perdomita: 28_1 *reliqua*

16 stabilitas: 14_{11}

Der Dichter VERGIL (70–19) stellt der Ilias und der Odyssee Homers seine *Aeneis* gegenüber, das Heldenlied vom Trojaner Aeneas, der, geleitet von den Göttern, seine Hausgötter aus dem brennenden Troja rettete und auf italischem Boden der Begründer des römischen Imperiums wurde. Der folgende Textausschnitt zeigt ihn nach langer Irrfahrt auf Sizilien. Frauen hatten sich verleiten lassen, die Schiffe anzuzünden, um die Weiterfahrt unmöglich zu machen; jedoch wurde dieser Versuch durch Eingreifen Juppiters vereitelt.

55

Publius Vergilius Maro, Aneis V 700–740: Des Aeneas Auftrag

At pater Aeneas casu concussus acerbo
nunc huc ingentīs, nunc illuc pectore curas
mutabat versans, Siculisne resideret arvis
oblitus fatorum, Italasne capesseret oras.

Worterklärungen

concútere, -tit, -cussit, -cussum	erschüttern	resídere, -dit, -sēdit, -sessum	sich niederlassen
illūc	dahin	arva, ōrum *n*	Fluren, Gefilde
pectus, péctoris *n*	Brust	capéssere, -sit, -sīvit, -sītum	ergreifen, anstreben
mūtāre	wechseln, ändern		

Erläuterungen

Hexameter

Vergil übernimmt von Homer den *Vers*, den aus sechs *Daktylen* bestehenden *Hexameter*. Ein *Daktylus* hat eine lange und zwei kurze Silben; die zwei kurzen können auch durch eine lange vertreten sein. Diese zwei langen Silben nennt man einen *Spondeus*. Der Vortrag dieser Verse wurde durch Rhythmen der Lyra unterstützt. Da wir den Hexameter im Dreiviertel-Rhythmus einer betonten und zwei unbetonter Silben zu lesen pflegen, kommt der ursprüngliche Vier-Viertel-Takt nicht gleichartig heraus:

At patēr Aenēās cāsū concussus acerbō

Wo Wort- und Versakzent wie bei *cāsū́* nicht übereinstimmen, müssen wir uns beim Lesen um nicht zu scharfes Akzentuieren bemühen. Die erste Silbe *At* galt wegen des folgenden Konsonanten (p-) als lang (vgl. 1_8).

Die Besonderheiten lateinischer Wortstellung (vgl. zu 18_9; 20_3) sind im Verse besonders häufig zu beobachten, z. B.

ingentīs . . . curās: zwei betonte Worte stehen oft am Ende eines Halbverses; 701

curas mutabat versans: durch den Übergang des Satzbaus vom einen zum anderen Vers (Enjambement) und durch die Spondeen am Versanfang verleiht der Dichter diesen Worten besonderen Nachdruck;

fatorum Italas: auslautendes *-um* schwindet vor anlautendem Vokal beim Vortrag. 703

Hinweise

concussus: 27_5 *obsessa* 700 -ne: 35_3 702 oblitus: 4_2 *spem* 703

Tum senior Nautes, unum Tritonia Pallas
quem docuit multaque insignem reddidit arte,
haec responsa dabat, vel quae portenderet ira
magna deum vel quae fatorum posceret ordo;
isque his Aenean solatus vocibus infit:
„Nate deā, quo fata trahunt retrahuntque, sequamur;
quidquid erit, superanda omnis fortuna ferendo est.
Est tibi Dardanius divinae stirpis Acestes:
hunc cape consiliis socium et coniunge volentem;
huic trade āmissis superant qui navibus et quos
pertaesum magni incepti rerumque tuarum est;
longaevosque senes ac fessas aequore matres
et quidquid tecum invalidum metuensque pericli est,
delige et his habeant terris sine moenia fessi:
urbem appellabunt permisso nomine Acestam."
Talibus incensus dictis senioris amici
tum vero in curas animo diducitur omnīs.
Et Nox ātra pŏlum bigis subvecta tenebat,
visa dehinc caelo facies delapsa parentis
Anchisae subito tales effundere voces:
„Nate, mihi vitā quondam, dum vita manebat,
care magis, nate, Iliacis exercite fatis,
imperio Iovis huc venio, qui classibus ignem
depulit et caelo tandem miseratus ab alto est.
Consiliis pārē, quae nunc pulcherrima Nautes
dat senior: lectos iuvenes, fortissima corda,
defer in Italiam. Gens dura atque aspera cultu
debellanda tibi Latio est. Ditis tamen ante
infernas accede domos et Averna per alta

Nautes, *von Athene mit der Seherkunst begabter Priester der Priester der Pallas Athene, die am Triton in Böotien geboren wurde oder am Tritonissee in Libyen* – Dardanius, *Nachkomme des Dardanos, der Troja gründete* – Acestes, *Sohn einer nach Sizilien geflohenen Trojanerin; er nahm die Frauen, die die Schiffe hatten verbrennen wollen, auf* – Acesta, *später Segesta im NW Siziliens* – Nox, *Göttin der Nacht; fährt wie Sol auf einem Wagen* – Anchises, *der Vater des Äneas* – Iliacus, *Troja wurde auch Ilion genannt* – Dis, Ditis, *Übersetzung zu Pluton (der Reiche), dem Gott der Unterwelt (Hades)* – Averna, orum, *Gegend um den Avernersee bei Cumae im W von Neapel*

Worterklärungen

705	insignis, e	ausgezeichnet
	īra (ae *f*) deum	Zorn der Götter
	sōlāri	ermutigen
	infit	er spricht an
	nāte deā	von einer Göttin Geborener!
	tráhere, -hit, -xit, -ctum	ziehen, schleppen
	retráhere	(hin und) her ziehen
	sequi, -tur, secūtus	begleiten, geleiten, (ver)folgen
710	quisquis, quidquid	wer auch immer; alles, was
	stirps, stirpis *f*	Sproß, Stamm
	cápere consíliīs sócium	für seine Pläne zum Gefährten nehmen
	volens, volentis (velle)	wollend, bereitwillig
	mē pertaesum est rei	(mich erfaßt Abscheu wegen), ich scheue die Mühe

inceptum, i *n*	Beginn, Unternehmen
longaevus, a, um	langlebig, alt 715
senex, senis *m*	alt, Greis
aequor, aéquoris *n*	Meeresfläche
tēcum	mit dir
inválidus, a, um	kraftlos, schwach
metuens perí́c(u)li	ängstlich vor/achtgebend auf eine Gefahr
sinere, -nit, -sīvit, situm	zulassen
moénia, moénium *n*	Mauern
permíttere, -tit, -mīsit, -missum	durch-, zulassen
āter, ātra, um	schwarz 721
pŏlus, i *m*	Drehung, Pol
bīgae, ārum *f*	Zweigespann
subvehi, -tur, subvectus	(von unten) hinauffahren
dehinc	von hier, danach

dēlābi, -tur, dēlapsus	herabgleiten	722
parens, parentis *m*	Erzeuger, Vater	
effúndere, -dit, -fūdit, -sum	ausgießen, -sprechen	
dum	(inzwischen), solange, während	
manēre, -net, -nsit, -nsum	bleiben, andauern	
cārus, a, um	lieb, wert	725
dēpéllere, -lit, -pulit, -lsum	wegtreiben, vertreiben	
miserāri	sich erbarmen	
lectus, a, um	auserlesen	
iúvenis, is *m*	junger Mann	
cor, cordis *n*	Herz	
dūrus, a, um	hart	730
asper, áspera, um (cultu)	rauh (unkultiviert)	
dēbellāre	niederkämpfen, bezwingen, verdrängen	
infernus, a, um	unterirdisch	

Erläuterungen

multāque: durch die im Rhythmus des Verses klar erkennbare Länge der Mittelsilbe ist die Beziehung zu dem endgestellten *arte* erleichtert. Der auslautende Vokal -*e* wird beim Vortrag mit dem anlautenden Vokal des folgenden Wortes verschmolzen. 705

haec weist voraus auf die folgende direkte Rede (vgl. 13_2). 706

nāte deā – *Geborener von einer Göttin*: Die auf -*us* ausgehenden Wörter (und Namen) der o-Deklination haben eine Sonderform für die Anrede, den *Vokativ* (das -*e* ist nicht zu verwechseln mit dem -*ē* des Adverbs, z. B. *commodē*). 709 *Vokativ*

qui: auch das Relativpronomen muß den Relativsatz nicht einleiten (vgl. 24_{13} quod $37_{17.18}$ *quae*). 713

domos: Das Wort *domus, domūs f* hat diese Form des Akk. Plur. 732

Hinweise

senior: 2_2 *primi* 704
quem: 10_{11} *ubi* 705
reddidit: 20_3
quae: vgl. Tab. 5 K + B 706
portenderet: 14_1
Aenean: 53_7 708
solatus: 13_1 *moratus*
sequamur: 21_4 *faciamus* 709
superanda: 23_2 *transeundum*; 710
ferendo: 16_1 *decernendi*
cape: 39_{15} *age* 712
amissis: 9_4; 20_3 713
habeant, sine: 22_2 *mandat, adeat* 717
appellabunt: 50_5
visa: 13_1 *moratus* (*abab*) 722
caelo: 3_2 *agris*
effundere: 17_6 *completa* 723
vitā . . . magis: 18_{13} *plus* 724
care, exercite: 709 *nate;* 16_6 725
caelo ab alto: 10_5 *cum* 727
pārē: 712 *cape* 728
pulcherrima: 12_7 *sua*; 5_4
defer: 712 *cape* 730
debellanda: 23_2 *transeundum* 731

congressūs pete, nate, meos. Non me impia namque
Tartara habent tristesve umbrae, sed amoena piorum
concilia Elysiumque colō. Huc casta Sibylla
nigrarum multo pecudum te sanguine ducet.
Tum genus omne tuum et, quae dentur moenia, disces.
Iamque valē! Torquet medios Nox umida cursūs
et me saevus equis Oriens adflavit anhelis."
Dixerat et tenuīs fūgit ceu fumus in auras.

Tartara, orum, *das Totenreich* – Elysium, i, *Sitz der Seligen im Totenreich* – Sibylla, *Priesterin bei Cumae* – Oriens (Sol), *aufgehende Sonne(ngott)*

Worterklärungen

congréssus, congréssūs *m* (meus)	Zusammentreffen (mit mir)	niger, nigra, um	schwarz
tristis, e	traurig	pecus, pécudis *f*	(Haus-)Tier
umbra, ae *f*	Schatten	torquēre	drehen, wenden, kreisen
amoenus, a, um	lieblich, schön gelegen	(h)ūmidus, a, um	feucht
pius, a, um	gottesfürchtig, gewissenhaft	saevus, a, um	wild
cólere, -it, cóluit, cultum	bebauen, bewohnen	adflāre	anhauchen
castus, a, um	sittenrein, fromm	anhēlus, a, um	keuchend
		tenuēs aurae ceu fūmus	dünne Lüfte wie Rauch

Erläuterungen

736 nigrarum: Tiere mit schwarzem Fell wurden den unterirdischen Gottheiten geopfert.

2. Pers. Sg. Aktiv

737 discēs: Das auslautende *-s* ist das Kennzeichen der 2. Pers. Sing. Aktiv, *-e-* das für das Futur: *du wirst lernen.*

Hinweise

735 colo: 27_{18} *excitarem*
736 ducet: 21_{12} *accedent*
737 dentur: 22_{8} *curet*; 20_{2} *quam*
738 valē: 712 *cape*
739 saevus: 18_{9}

56

Der Dichter OVID, der etwas jünger war als Vergil, bietet in seinem Werk *Fasti* einen Festkalender, in dem die Tage beschrieben wurden, an denen Gerichtsverhandlungen und Volksversammlungen stattfinden durften und an denen man seinen Geschäften nachgehen konnte. Die *dies nefasti*, an denen dies nicht erlaubt war, waren die den Gottheiten geweihten Feiertage.

Publius Ovidius Naso, Fasti II 475–512: Romulus

Proxima lux vacua‿est. At tertiă dictă Quirīno.
  Qui tenet hoc nomen, Romulus ante fuit:
sive quod hasta curis priscis est dictă Sabinis,
  bellicus ā tēlō vēnit in astra deus;
sive suo regi nomen posuēre Quirites;
  seu quia Romanis iunxerat ille Cures.

Sabini, *wohnten im nördlichen Latium*

Worterklärungen

próxima lūx	nächstes (Tages-) Licht: gemeint ist der 16. 2.	hasta, ae *f*	Lanze
		priscus, a, um	alt(ehrwürdig)
		béllicus, a, um	kriegerisch, kriegstüchtig
vácua (sacris)	frei (von Opfern)		
tértius, a, um	dritter	astra, ōrum *n*	Gestirne, Sterne
sīve – seu	sei es – sei es (oder); wenn – oder wenn	ā tēlo	von (seiner) Waffe her

Pentameter

Auch Ovid verwendet den *Hexameter*, in diesem Werk allerdings wechselt er ihn ab mit dem *Pentameter*. In ihm fehlt in jedem Halbvers ein halbes Versmaß, so daß, wie die griechischen Bezeichnungen besagen, der einzelne Vers nicht sechs, sondern fünf Versmaße enthält. Diesen Zweizeiler nennt man *Distichon*. Es war die Kunstform für das Kampflied im 7. Jahrhundert bei dem Spartaner Tyrtaios und für die spätere *Elegie*. Die Verse II 475 ff. behandeln den Festtag zu Ehren des *Romulus*:

Proxima lūx vacua‿est. At tertia dicta Quirīnō

Qui tenet hoc nomen, Romulus ante fuit.

Erläuterungen

dictus – *bezeichnet, geweiht, geläufig* 475
curis: sabinische Bezeichnung für *hasta*; ältere Schreibung: *quiris* 477
bellicus deus: Kriegsgott war Mars, der Vater von Romulus und Remus. Wenn Romulus seinen Beinamen *Quirinus* nach der Waffe *curis* hätte, wäre seine Funktion (*bellicus*) der des Vaters Mars ähnlich. 478
Quirites: die Wahl dieses Namens nach der sabinischen Stadt *Cures* für die Bürger in der Volksversammlung könnte zur Befestigung der Einheit gewählt sein. Er könnte auch mit *curia* aus *co-viria-Männergemeinschaft* zusammenhängen. 479

Hinweise

dicta (est): 39_{13} 475   qui: 7_3 476

Nam pater armipotens postquam nova moenia vidit
multaque Romuleā bella peracta manū,
"Iuppiter", inquit, "habet Romāna potentia vires;
sanguinis officio non eget illa mei.
Redde patri natum! Quamvis intercidit alter,
pro se proque Rĕmō, qui mihi restat, erit.
'Unus erit, quem tu tolles in caerula caeli'
tu mihi dixisti: sint rata dicta Iovis!"
Iuppiter annuerat. Nutu tremefactus uterque
est pŏlus, et caeli pondera movit Atlas.
Est locus, antiqui Capreae dixēre paludem:
forte tuis illic, Romule, iura dabas.
Sol fŭgit, et removent subeuntia nubila caelum,
et gravis effusīs decidit imber aquīs.
Hinc tonat, hinc missis abrumpitur ignibus aether.
Fit fugă, rex patriis astra petebat equis.
Luctus erat, falsaeque patres in crimine caedis,
haesissetque animis forsitan illa fides:
Sed Proculus Longā veniebat Iūlius Albā,
lunaque fulgebat, nec facis usus erat,
cum subito motu saepes tremuēre sinistrae
(rettulit ille gradus, horrŭēruntque comae),
pulcher et hūmānō māior trabeāque decorus
Romulus in mediā visus adesse viā
et dixisse simul "Prohibē lūgēre Quirites!
Nec violent lacrimis numina nostra suis!
Tura ferant plācentque novum – pia turba – Quirinum
et patrias artes militiamque colant!"
Iussit et in tenues oculis evanuit auras.
Convocat hic populos iussaque verba refert.
Templa deo fiunt; collis quoque dictus ab illo est,
et referunt certi sacra paterna dies.

Atlas, *trug das Himmelsgewölbe auf seinen Schultern* – Capreae palus (paludis, f.), Ziegensumpf (auf dem Marsfeld) – Iulius Proculus, *römischer Senator* – Alba Longa, *vom Sohne des Äneas gegründet*

Worterklärungen

armipotens, ntis	waffengewaltig: Mars	annúere	zunicken, zustimmen
peractus, a, um	durchgeführt	nūtus, nūtūs *m*	Nicken, Wink
nātus, i *m*	Geborener: Sohn	tremefácere	zittern machen, erschüttern
quamvīs	wie (sehr) du willst: wenn auch	pondus, pónderis *n*	Gewicht
intercídere	inzwischen fallen, untergehen	túus, a, um	dein
		illīc	da, dort
restāre	übrig sein	subeúntia nū́bila	aufziehende Wolken
caérulus, a, um	(himmel)blau	dēcídere	herabfallen

imber, imbris *m*	Regen
hinc – hinc	von hier her – von da her
tonat	es donnert
missi ignēs	losgelassene Feuer: Blitze
abrúmpere, -pit, -rūpit, -ptum	abbrechen, zerreißen
aether, a'etheris *m*	oberste Luftschicht
pátrius, a, um	väterlich (von Mars)
luctus, ūs, *m*	Trauer
falsus, a, um	gefälscht, vermeintlich
crīmen, críminis *n*	Beschuldigung
lūna, ae *f*	Mond(göttin)
fulgēre	strahlen, scheinen
saepēs, saepis *f*	Zaun, Hecke
trémere, -mit, -muit	zittern
sinister, sinistra, um	links, glückbringend
gradus, gradūs *m*	Schritt
horrēre, -ret, -ruit	(er)starren, sich sträuben
comae, ārum *f*	Haare
trábea, ae *f*	weißer Königsmantel
decōrus, a, um	geziemend, stattlich
lūgēre	trauern
violāre	verletzen
lácrima, ae *f*	Träne
nūmen, nū́minis *n*	Wink, Weisung, Gottheit
tūs, tūris *n*	Weihrauch
turba, ae *f*	Volksmenge, Gruppe
ēvānéscere	entschwinden
collis, collis *m*	Erhebung, Höhe
sacra paterna	Opfer zu Ehren des Vaters

Erläuterungen

Romuleā . . . manū – von der Hand des Romulus 482
sanguinis . . . mei – *meines Blutes*: *Sohnes*; vgl. zu 3_5. 484
alter: Remus wurde von Romulus erschlagen oder kam um. 485
‚Unus . . .: Mars erinnert Juppiter an dessen frühere Worte. 487
nutu: Das *Nicken* des Zeus läßt Homer von Donner begleitet sein. 489
rex ist Romulus 496
patres hatte Romulus ernannt (vgl. zu 27_1). 497
hic: gemeint ist *Proculus*. Der Name seines Geschlechtes ist viersilbig: *I-ū-li-us* 510
populōs: die von Romulus geeinten Latiner und Sabiner.
collis: sein Name *Quirinalis* hat sich bis heute in Rom erhalten. 511
sacra paterna – *Opfer zu Ehren des Vaters* 512

Hinweise

postquam: 10_{11} *ubi* 481
peracta: 14_{12} *perfectum* 482
redde: 39_{15} *age* 485
natum: 55, 709
tolles: 55, 737 *disces* 487
caerula: 12_7 *sua*
dicta: 29_8 488
dixēre: 26_2 *pugnarunt* 491
tuis: 23_6 *suorum* 492
dabas: 55, 737 *disces*
abrumpitur: 5_4 *excitabantur* 495
fit: 13_3 *fieri* 496
petebat: 9_1 *proficiscebatur* 496
falsae: 1_2 Galliae; 3_5 497
cum: 33_2 501
horrúerunt: 26_2 *pugnarunt* 502
pulcher: 2_2 *primi* 503
maior: 18_{13} *plus*
adesse: 17_6 *completa* 504
violent: 21_3 *avertant*; 22_4 506
ferant: 21_3 *avertant* 507
oculis: 3_2 *agris* 509
fiunt: 496 *fit* 511

57

Gegenüber dem Blick in die mythische Zeit verherrlicht Ovid in dem Abschnitt aus seinem Werk ARS AMATORIA (III 113–128) den Fortschritt der Gegenwart:

Das kaiserliche Rom (ars amatoria III 113–128)

Simplicitās rudis ante fuit. nunc aurea Rōma est,
  Et domiti magnās possidet orbis opēs.
Aspice, quae nunc sunt Capitōlia quaeque fuērunt:
  Alterius dīcēs illa fuisse Iovis.
Cūria consiliō nunc est dignissima tantō:
  Dē stipulā Tatiō regna tenente fuit.
Quae nunc sub Phoebō ducibusque Palātia fulgent,
  Quid nisi arātūris pascua būbus erant?
Prisca iuvent aliōs. ego mē nunc dēnique nātum
  Grātulor. haec aetās mōribus apta meīs.
Nōn quia nunc terrae lentum subdūcitur aurum,
  Lectaque dīversō lītore concha venit:
Nec quia dēcrēscunt effossō marmore montēs,
  Nec quia caeruleae mōle fugantur aquae:
Sed quia cultus adest, nec nostrōs mansit in annōs
  Rūsticitās, priscīs illa superstes avis.

Capitolium, *Burg von Rom mit Tempel für Juppiter, Juno und Minerva* – Curia, *Versammlungshaus des Senats* – Phoebus, i, *entspricht griech. Apollon* (*der Leuchtende*: *Sonnengott*) – Palatia, orum, *auf dem Palatin lag Apollons Tempel sowie die Gebäude des Kaisers und führender Senatoren*

Worterklärungen

simplícitās, ātis *f*	Einfachheit	dīversus, a, um	abgekehrt, verschieden, entlegen
áureus, a, um	golden		
aspícere, -cit, -spexit, -ctum	anschauen	lītus, lītoris *n*	Strand, Küste
		concha, ae, *f*	Muschel, Perle
stípula, ae *f*	Halm, Stroh	dēcrēscere	kleiner werden, sich vermindern
sub	unter, unterhalb		
arāre	pflügen	marmor, mármoris *n*	Marmor
pascua, ōrum *n*	Weideland	caerúleus, a, um	blau
bōs, bovis *m*	Rind, Ochse (būbus: Dat. Pl.)	fugāre	in die Flucht schlagen, verdrängen
grātulāri	beglückwünschen	rūstícitās, ātis *f*	Ländlichkeit, Plumpheit
aptus, a, um	angepaßt, geeignet		
lentus, a, um	zäh, langsam	superstes, -stitis	überlegen, überlebend, ererbt
subdūcere	wegnehmen, entziehen	avus, i *m*	Großvater
lectus	gelesen, geholt		

Worterklärungen

Erläuterungen

115 quae – *welche(r Art)* vgl. 46_7 *quae utilitates*; 21_3 *quod*

116 alterius Iovis – *eines ander(sartig)en Iuppiter*: Ovid betont den Wandel der Zeiten.

118 Tatio regna tenente – *als Tatius das Reich regierte*: Tatius, der Sabinerkönig, war Mitregent des Romulus nach dem sagenhaften Raub der Frauen (vgl. 12_4)

Augustus

sub Phoebo ducibus: Dem Sonnengott *Phoebus* (das griechische Wort bedeutet *leuchtend* und war Beiname des *Apollon*) hatte Augustus auf dem Palatin einen neuen Tempel gebaut. Auf dem *collis Palatinus* hatte auch Augustus sein *palatium* (daraus entwickelte sich das deutsche *Palast*) für sich und die Mitglieder (*duces*) des Kaiserhauses. 119

mole: zur Zeit des Augustus wurden Molen auch für besondere Bauten errichtet. (vgl. 46_5) 126

cultus: dies Wort bezeichnete auch das, was wir *Kultur* nennen; das Wort *cultura* hatte ursprünglich einen engeren Sinn, den die Verbindung *agri cultura* zeigt (vgl. 15_3). 127

Hinweise

rudis, aurea: 2_2 *primi* 113
domiti orbis: 8_7 21_4 114
aspice: 39_{15} *age* 115
quae: Tab. 5
araturis: 30_{13} *facturum*; 10_{13} *castris* 120
iuvent: 21_3 *avertant* 121
natum: 14_{11} *perfectum*
terrae: 1_3 *Italiae* 123
litore: 2_1 *amicitia*; 3_2 *agris* 124
in: 10_5 *cum* 127
avis: 3_2 *agris* 128

58

Der Historiker TACITUS (55–120) schrieb außer seinem Geschichtswerk *‚Annales‘* und der *‚Germania‘* auch über seinen Schwiegervater, den nach seinem Konsulat zeitweiligen Gouverneur von Britannien, *Gnaeus Iulius Agricola.* Über seinen Amtsantritt in Britannien berichtet er folgendes (c. 18 f.)

Publii Cornelii Taciti De vita et moribus Iulii Agricolae liber. c. 18 f.

Hunc Britanniae statum, has bellorum vices mediā iam aestate transgressus Agricola invenit, cum et milites velut omissa expeditione ad securitatem et hostes ad occassionem verterentur. Ordovicum civitas haud multo ante adventum eius alam in finibus suis agentem prope universam obtriverat, eoque initio erecta provincia. Et quibus bellum volentibus erat, probare exemplum ac recentis legati animum opperiri, cum Agricola, quamquam transvecta aestas, sparsi per provinciam numeri, praesumpta apud militem illius anni quies – tarda et contraria bellum inchoaturo – et plerisque custodiri suspecta potius videbatur, ire obviam discrimini statuit; contractisque legionum vexillis et modicā auxiliorum manu, quia in aequum degredi Ordovices non audebant, ipse ante agmen, quo ceteris par animus simili periculo esset, erexit aciem. Caesāque prope universā gente, non ignarus instandum famae ac, prout prima cessissent, terrorem ceteris fore, Monam insulam, a cuius possessione revocatum Paulinum rebellione totius Britanniae supra memoravi, redigere in potestatem animo intendit. Sed, ut in subitis consiliis, naves deerant: ratio et constantia ducis transvexit. Depositis omnibus sarcinis lectissimos auxiliarium, quibus nota vada et patrius nandi usus, quo simul seque et arma et equos regunt, ita repente immisit, ut obstupefacti hostes, qui classem, qui navīs, qui mare exspectabant, nihil arduum aut invictum crediderint sic ad bellum venientibus;

Iulius Agricola, *Konsul 76, Schwiegervater des Tacitus* – Ordovices, *wohnten im nördlichen Wales* – Mona insula, *Insel Man/Anglesey* – Paulīnus, *Gouverneur von 59–61*

Worterklärungen

(vix) vicis *f*	Wechsel(fall)
tránsgredi, -tur, -gressus	hinübergehen
velut	gleichwie
ōmittere, -tit, -mīsit, -missum	loslassen, aufgeben
expedítio, iōnis *f*	Feldzug
sēcūritās, ātis *f*	Sorglosigkeit, Sicherheit
verti, -titur, versus	sich wenden
āla, ālae *f*	Flügel, Reitereinheit
obtérere, -rit, -trīvit, -ītum	aufreiben
ērígere, -git, ērēxit, -ctum	aufrichten
5 mihi bellum volenti est	für mich besteht der Krieg als für einen Wollenden, mir ist er recht
praesūmere, -mit, -mpsit, -mptum	vorwegnehmen
quiēs, quiētis *f*	Ruhe
contrārius, a, um	gegensätzlich, nachteilig
exemplum, i *n*	Beispiel
recens, ntis	frisch, neu
opperīri	(er)warten
transvehi, -tur, -vectus	hinüberfahren, verstreichen
spárgere, -git, -sit, -sum	verstreuen, verteilen

inchoāre	anfangen
custōdīre	bewachen
suspectus, a, um	beargwöhnt, verdächtig
ire ob viam	(dem Weg) entgegengehen, begegnen
discrīmen, discrīminis *n*	Entscheidung
vexillum, i *n*	Fahne, Reitereinheit
contráhere	zusammenziehen
dḗgredi, -tur, -gressus	herabgehen
caédere, -dit, cecīdit, caesum	(nieder)hauen
nōn ignārus, a, um	nicht unbekannt / unerfahren
instāre	anstehen, entgegentreten
prout	(im Verhältnis), so wie
cēdere	gehen, vor sich gehen, weggehen
terror, ōris *m*	Schrecken
posséssio, iōnis *f*	Besetzung
rebéllio, iōnis *f*	Widerstand
memorāre	erwähnen
ánimo inténdere	beabsichtigen
súbitus, a, um	plötzlich, überstürzt
constántia, ae *f*	Beständigkeit, Beharrlichkeit
transvéhere	hinüberbefördern
sárcinae, ārum *f*	Gepäck
auxiliārēs (cōpiae)	Hilfstruppen
patrius	väterlich, ererbt, gewohnt
nāre	schwimmen
régere, -it, rēxit, rēctum	richten, lenken
repente	plötzlich
obstupefácere	in Erstaunen versetzen
árduus, a, um	steil, schwierig
invictus, a, um	unbesiegt, unbesiegbar

Erläuterungen

statum: der Vorgänger Agricolas hatte sich im Jahre 77 in Erwartung seines Nachfolgers in keine militärischen Unternehmungen eingelassen. 1
exemplum: nämlich des Vorgängers 5
numeri: gemeint sind *Zahlen* von Soldaten: *Einheiten* 7
tarda: diese Pluralform faßt die drei vorhergehenden Substantive zusammen.
potius videbatur – *es erschien vorteilhafter* 8
in aequum – *in ein* für beide Seiten *gleichwertiges* Gelände. 10

Hinweise

transgressus: 13_{1} *moratus* 1
cum: 15_{9} 2
verterentur: 5_{3} *excitabantur* 3
universam: 2_{2} *primi*; 5_{10} 4
erecta: 39_{13} *quid*
quibus: 46_{7} 5
probare: 10_{2} *dimittere*
cum: 33_{3}; 22_{3} Wortstellung 6
transvecta: Z. 4 *erecta*
tarda: K + B, 12_{7} *sua* 7
inchoaturo: 30_{13} *facturum*; 10_{13} 8
custodiri: 13_{3} *fieri*; 17_{6} *completa*
videbatur: 7 Ü 2
contractis: 9_{4} *factis* 9
quo: 33_{16} 10
caesā: Z. 9 *contractis* 11
ignarus: 13_{1} *moratus*; 28_{1}
non: 25_{11}
instandum: 22_{8} *distinendam* 12
prima: 12_{7} *sua*
fore: 28_{5}
cuius: 23_{20} *quam* 13
ut: 15_{2} 14
deerant: 42_{8} *ut . . .* 15
lectissimus: 41_{5} *ornatior*; 11_{2} 16
nota: Z. 4 *erecta*
seque et: 1_{2}; 5_{3}
qui: 21_{1} *nostis* 17
crediderint: 19_{8} *dixerit*; 22_{3} 18
venientibus: 12_{4} *petentibus* 19

ita petita pace ac dedita insula clarus et magnus haberi Agricola, quippe cui ingredienti provinciam, quod tempus alii per ostentationem et officiorum ambitum transigunt, labor et periculum placuisset. Nec Agricola prosperitate rerum in vanitatem usus expeditionem aut victoriam vocabat victos continuisse; ne laureatis quidem gesta prosecutus est, sed ipsa dissimulatione famae famam auxit aestimantibus, quantā futuri spe tam magna tacuisset. Ceterum animorum provinciae prudens simulque doctus per aliena experimenta parum profici armis, si iniuriae sequerentur, causas bellorum statuit excīdere. A se suisque orsus primum domum suam coercuit, quod plerisque haud minus arduum est quam provinciam regere. Nihil per libertos servosque publicae rei, non studiis privatis nec ex commendatione aut precibus centurionem militesve ascire, sed optimum quemque fidissimum putare. Omnia scire, non omnia exsequi. Parvis peccatis veniam, magnis severitatem commodare; nec poenā semper, sed saepius paenitentiā contentus esse; officiis et administrationibus potius non peccaturos praeponere quam damnare, cum pecassent. Frumenti et tributorum exactionem aequalitate munerum mollire, circumcisis, quae in quaestum reperta ipso tributo gravius tolerabantur.

Worterklärungen

quippe qui	da er ja, insofern als er
íngredi, -tur, -gressus	betreten
ostentátio, iōnis *f*	das Sich-Zeigen, Vorstellung
ambitus (ūs *m*) officiōrum	Um-, Abgehen der Geschäfte
transígere, -git, ēgit, -actum	verbringen
prospéritās, ātis *f*	Glück
vānitas, ātis *f*	leerer Schein, Eitelkeit
victōs continēre	Geschlagene niederhalten
laureātae (lítterae)	Siegesbericht
prṓsequi, -tur, -secūtus	verfolgen
dissimulátio, iōnis *f*	Verstellung, Verschleierung
aestimāre	ein-, abschätzen
tacēre	verschweigen
cḗterum	im übrigen, sonst
prūdens, ntis	voraussehend, erfahren
aliēnus, a, um	andersartig, fremd
experīmentum, i *n*	Versuch, Erfahrung
parum	zu wenig
profícere, -cit, -fēcit, -fectum	vorwärts, Fortschritte machen
ordiri, -dītur, orsus	anfangen
libertus, i *m*	Freigelassener
servus, i *m*	Sklave
stúdia prīvāta	persönliche Beziehungen
commendátio, iōnis *f*	Empfehlung
ascīre	heranziehen
óptimus quisque	jeder/gerade der beste
fīdus, a, um	treu (ergeben), zuverlässig
éxsequi	hinausgeleiten, nachgehen
peccātum, i *n*	Verstrickung, Verfehlung
vénia, ae *f*	Gefälligkeit, Nachsicht
sevḗritas, atis *f*	Strenge
paeniténtia, ae *f*	Reue, Umkehr
peccāre	sich verstricken, straucheln, Fehler machen
damnāre	(am Vermögen) schädigen, verurteilen
tribūtum, i *n*	Steuer, Tribut
exáctio, iōnis *f*	Aus-, Eintreiben (von Steuern)
aequálitās, ātis *f*	Gleichmäßigkeit
mollīre	weichen, mildern
circumcīdere, -dit, -cīsum	beschneiden
in quaestum	(in Richtung auf), zum Vorteil
tolerāre	ertragen

Erläuterungen

circumcisis: der sonst meist mit einem Partizip verbundene Ablativ ist hier in dem folgenden Relativsatz enthalten (vgl. 24_{10} interfectis custodibus quique convenerant). 34

Hinweise

haberi: 10_{12}; 18_6 *superari* 19
quippe: 22_4 *si* 45_2
usus: 13_1 *moratus* 22
expeditionem: 5_{10} *custodem*
dissimulatione: 20_3 23
aestimantibus: Z. 19 *venientibus* 24
quantā: 20_2 *quam*
magna: 12_7 *sua*
prudens: 51_9 *patiens* 25
profici: 10_{12} *diduci* 26
orsus: Z. 1 *transgressus* 27
nihil: 14_{11} *satis*; 1_7 28
ascire: Z. 5 *probare* 29
fidissimum: 5_{10} custodem 30
peccatīs: 29_8 *dictum*; 10_{13} *castris* 31
peccaturos: Z. 8 *inchoaturo* 32
peccassent: 23_2 *pugnarunt*; 33
37_2 *interclusisset*
gravius: 18_{13} *plus* 35

Rom, Trajanssäule

Namenverzeichnis

Angaben zu diesen Namen sind in bzw. unter den in dieser Liste angegebenen Texten zu finden

Alphabetisches Wörterverzeichnis

7 6830

Wort- und Sachverzeichnis

Die Zahlen geben den Text und die Zeile an, wo das lateinische Wort oder die grammatische Erscheinung vorkommt und erläutert ist.

Grammatische Grundbegriffe

Ablativ: der lateinische Kasus zum Ausdruck des Ausgangspunktes mit oder ohne Präposition; er dient ferner zum Ausdruck des Begleitumstandes in Umstandsergänzungen des Ortes, der Zeit oder der Art und Weise:

1.	Tenctheri a Suebis agris expulsi sunt.	*Die Tenktherer wurden von den Sueben aus ihrem Land vertrieben.*
2.	Ubios obsidione liberavit.	*Er befreite die Ubier von der Bedrohung.*
3.	In eorum finibus moratus est.	*Innerhalb ihres Gebietes hielt er sich auf.*
4.	iniquo loco	*in/auf ungünstigem Gelände*
5.	postero die	*am folgenden Tage*
6.	magno tumultu	*unter großem Lärm*

Ablativgruppen: Nomina im Ablativ ergänzen sich gegenseitig zum Ausdruck von Ausgangspunkt oder Begleitumstand (diese Ablative umklammern oft eine Sinngruppe):

7.	consilio celeriter convocato	*In dem schnell einberufenen Kriegsrat*
8.	exigua parte aestatis reliqua	*In dem noch übrig(bleibend)en Teil des Sommers.*
9.	His auctoribus et ducibus, dis iuvantibus	*(Mit ihnen als Beratern) Auf ihren Rat, unter ihrer Führung, mit Hilfe der Götter*

Ablaut: Vokalwechsel in Deklination und Konjugation

fides – foedus	*: Treue – Vertrauen*
tégere – toga	*: decken – Bedeckung (vgl. Dach)*
facit – fecit	*: er tut – tat*

Absicht: der Gedanke einer Absicht wird in lateinischen Gliedsätzen am Konjunktiv des Verbs erkennbar:

10.	exercitum traduxerat, ut Ubios obsidione liberaret	*Er hatte das Heer hinübergeführt, damit er die Ubier von der Bedrohung befreite*

absolut gebrauchtes Verb: zu einem lateinischen Verb muß nicht wie zu einem transitiven deutschen Verb ein Akkusativobjekt hinzutreten:

11.	Vercingetorix incendit	*Vercingetorix begeistert – ruft Begeisterung hervor*
12.	laudat Pompeius	*Anerkennung(en) spricht Pompeius aus*

a. c. i. – *accusativus cum infinitivo* – Verbindung eines nominalen und eines verbalen Objekts:

13.	Aquitani Romanos intrare prohibebant	*Die Aquitanier hinderten die Römer einzudringen.*
14.	Crassus hostem vias obsidere animadvertit	*Crassus sah die Feinde die Straßen besetzen / beobachtete, daß / wie ... besetzten / merkte, die Feinde hielten besetzt*

Zur Wiedergabe verwenden wir oft einen *daß*-Satz, auch einen Hauptsatz (meist mit Konjunktiv indirekter Rede). Innerhalb eines Relativsatzes bilden wir aus dem

Infinitiv eine Personalform und schließen das lateinische Prädikat in einem Vergleichssatz ein oder an:

15. equitatus, quam supra memoravi Mosam transisse, se receperat.	*Die Reiterei, die, wie ich oben erwähnte, über die Maas geritten war, hatte sich zurückgezogen.*

a. c. p. – *accusativus cum participio*: Verbindung von Nomen und Partizip als Objekt, dient meist zum Ausdruck eines Zustandes (*a. c. i.* schildert Tätigkeit oder Vorgang):

16. inde subministrata auxilia intellegebat	*Er erkannte die von dort geleistete Hilfe / merkte, daß ... geleistet war.*

Adjektiv: *nomen adiectivum,* das einem anderen *hinzugefügte Nomen* läßt durch seine Deklinationsform die Beziehung auf dies Nomen erkennen. Das deutsche Adjektiv wird als Attribut dekliniert, als Teil der Aussage bleibt es unflektiert:

17. salva urbe salvi esse poterant	*In der heilen (unversehrten) Stadt konnten sie heil (unangefochten) sein/leben.*
18. Quae omnia erant incognita	*Das alles war unerforscht / unbekannt.*

Adverb: Sonderform des Adjektivs zum Ausdruck der Art und Weise, besonders in Beziehung auf eine Verbform:

19. commode frumentum supportatur	*Bequem / leicht wird das Getreide nachgebracht.*
20. Caesar liberaliter respondit	*Cäsar antwortete freundlich.*
21. labor maxime necessarius	*Eine besonders notwendige Arbeit.*

Akkusativ: der Kasus für das Satzglied, auf das sich die Handlung des Verbs oder der Satzgedanke richtet oder auswirkt; außerdem dient er zum Ausdruck der räumlichen und zeitlichen Ausdehnung:

22. Caesar Labienum in Treveros mittit.	*Cäsar schickte Labienus ins (Land der) Treverer.*
23. Sequani multum antecesserant longius procedunt	*Die Sequaner waren weit vorangekommen; sie rücken (ein) weiter(es) vor*
24. complures dies commoratus est	*Er hielt sich mehrere Tage (lang) auf*

Gelegentlich wird im Akkusativ eine zusätzliche Sinnergänzung ausgedrückt (Prädikativum):

25. Sequani obsides principum filios acceperant	*Die Sequaner hatten als Geiseln Fürstensöhne bekommen*

Aktiv – Ausdrucksform des Verbs für Handlung oder Tätigkeit.

Alliteration – nachdrückliche Hervorhebung wird gelegentlich unterstützt durch den Gleichklang von Anlauten:

26. consensum et concordiam civium	*Einhelligkeit und Einmütigkeit der Bürger*

Anapher: betonte Wiederaufnahme eines Wortes, um eine besonders eindringliche Wirkung zu erzielen:

27. *nōstis insolentiam, nōstis . . . nōstis . . .*

Apposition: Attribut im gleichen Kasus wie das Beziehungswort:

28. Vercingetorix, Celtilli filius, prohibetur a Gobannitione, patruo suo.	*Vercingetorix, der Sohn des Celtillus, wird von Gobannitio, seinem Onkel, behindert.*

Artikel: mit dem bestimmten und dem unbestimmten Artikel unterscheidet man im Deutschen Begriffe, die dem Partner bekannt, unbekannt oder allgemein bekannt sind (*der, ein*; Substantiv ohne Artikel). Im Lateinischen werden derartige Unterscheidungen durch das Indefinitpronomen erzielt.
Assimilation: Konsonanten gleichen sich oft einander an:
ad-cipere – accipere : ent-fangen – empfangen
Asyndeton: (gegensätzliche) Feststellungen bleiben oft unverbunden:

29. diligentiam admirabantur omnes, ingenium agnoscebant.	*Seine Sorgfalt bewunderten alle, seine Begabung würdigten sie.*

In Aufzählungen erhalten unverbundene Begriffe eine stärkere Betonung:

30. regum, populorum, nationum portus erat senatus.	*(Von) Für Könige, Völker (und) Völkerschaften war die Zuflucht der Senat.*

Attribut: Beifügung eines Nomens zum Nomen mit gleichem oder verschiedenem Kasus:

31. magnis coactis peditatūs equitatūsque copiis	*mit starken zusammengezogenen Verbänden an Fuß- und Reitertruppen*

Aufforderungen sind, besonders in Gliedsätzen, am Konjunktiv der Personalform erkennbar:

32. Caesar Labieno mandat, Belgas adeat.	*Cäsar trägt Labienus auf, er solle sich zu den Belgern begeben.*

Aufzählung: wie im Deutschen *und* erscheint oft *-que* beim letzten Gliede:

33. *multa oppida, multos agros vicos*que *habebat*

Durch mehrmaliges *et* wird jedes einzelne Glied besonders stark hervorgehoben:

34. *Viri ad viam* et *laudis* et *dignitatis* et *honoris excitabantur*

Ausgangspunkt: vgl. Ablativ.
Aussprache lateinischer Wörter:
Vokale werden lang oder kurz, offen oder geschlossen gesprochen:

a: *castra – mandāre* (*a – ā*)
e: *gentis – gens – habēbat* ε – ε: – ē
i: *Italia – amīcus* (*i – ī*)
o: *opus – consilium – cōpia* (ɔ – ɔ: – ō)
u: *multum – cūra* (*u – ū*)

s wurde stimmlos gesprochen wie in *Schloß*: *sed, causa, expulsus*
Doppelte Konsonanten wurden auf beide Silben verteilt:

gessit – fortissimus	(vgl. *aus-setzen*
alius – bellum	*Saal-Leuchte*
erat – terra	*Fahr-Rad)*

c vor *a, o, u* wie *k*, vor *e, i* wie *z* oder immer wie *k*:
Cicero, Caesar, Tacitus; amīcus – amīci – sócius

-gn-: *magnus* wie *magnetisch*
-ti-: *nātio, amīcitia*. Das *-t-* ist nicht wie in modernen Fremdwörtern (*Nation*) wie *z* zu sprechen.
v wie *w*: *venire, via*

Bedingungssätze: Bedingungen, die als tatsächlich gegeben (real) oder als nur vorgestellt oder unmöglich wirken sollen, werden wie im Deutschen durch den Gebrauch von Indikativ und Konjunktiv unterschieden, vgl. Irrealis, Potentialis.
Befehle sind erkennbar an der Form des Imperativs oder als Aufforderungen an der Form des Konjunktivs.
Begleitumstände erscheinen im Lateinischen im Ablativ.
Betonung: im allgemeinen wird die vorletzte Silbe betont, wenn sie einen langen Vokal hat: *amīcus*; ist dieser kurz, werden mehrsilbige Wörter auf der drittletzten Silbe betont: *impérium*. Als lang gilt ein Vokal auch dann, wenn auf ihn zwei Konsonanten folgen: *aliquándo*
Beziehungen der Satzglieder untereinander sind erkennbar an den Merkmalen der Deklination und der Konjugation.
Chiasmus: durch die Kreuzstellung erzielen antike Autoren gelegentlich eine besondere Klangwirkung:

35. terrentur infirmiores, dubii confirmantur. — *In Schrecken gesetzt werden die Unzuverlässigen, die Zweifelnden bestärkt.*

Die Verbindungslinien zwischen den gleichartigen Satzgliedern ergeben die Form des griechischen Buchstabens ‚X' (*Chi*).
Dativ: dieser Kasus bezeichnet die Person oder Sache, zu deren Vor- oder Nachteil eine Handlung erfolgt oder ein Zustand besteht; außerdem werden mit diesem Kasus Ziel- und Zweckangaben ausgedrückt:

36. aliis adimuntur, aliis condonantur pecuniae. — *Den einen wird Geld genommen, anderen geschenkt.*
37. castris satis praesidii relinquunt. — *(Dem) Für das Lager lassen sie genügend Schutz zurück.*
38. Galli Germanos auxilio arcessiverunt. — *Die Gallier holten (die) Germanen zu Hilfe.*

Deklination – Beugung: Abwandlung der Nomina zu den einzelnen Kasūs.
Demonstrativpronomen – hinweisendes Fürwort
auf gerade Genanntes oder unmittelbar Folgendes: *hic* – *dieser* (*hier*)
auf früher Genanntes oder Bekanntes: *ille* – (*er da*) *jener*
zur Hervorhebung von Personen oder Sachen: *is* – *er, der*
Elativ: Nomina können durch Formen des Komparativs oder Superlativs besonders hervorgehoben werden; s. Komparation
Femininum (*genus*) – weibliches Geschlecht des Nomens
Finalsatz: Gliedsatz zum Ausdruck einer Absicht, eingeleitet durch *daß, auf daß, damit, um . . . zu.*
finite Formen des Verbs sind durch Personalendungen bestimmt
Flexion: Beugung oder Abwandlung von Nomen und Verbum
Folgesatz: Gliedsatz zum Ausdruck einer Folge, eingeleitet durch (*so*) *daß*; Konsekutivsatz.

Fragesatz: er ist erkennbar am einleitenden oder eingefügten Fragepronomen oder auch am Sprechton. Indirekte Fragesätze sind im Lateinischen erkennbar am Konjunktiv des Verbs:

39.	Quid enumerem artium multitudinem?	*Was soll ich die Vielzahl der Kunstfertigkeiten aufzählen?*
40.	Pacis quae potest esse ratio?	*An Frieden – welcher Gedanke kann daran bestehen?*
41.	quanta esset magnitudo insulae, reperire non poterat.	*Von welcher Größe die Insel wäre / war, konnte er nicht erfahren.*

Futur: Ausdrucksformen des Verbs für die Zukunft:

42.	accedent consules	*Hinzutreten werden die Konsuln*
43.	ea, quae vos statueritis	*Das, was ihr beschließt (beschlossen haben werdet)*

Genitiv: Kasus zum Ausdruck der Zugehörigkeit und des Wirkungsbereichs:

44.	imperium populi Romani	*Herrschafts(bereich) des römischen Volkes*
45.	via laudis	*der Weg zum Ruhm*
46.	Noviodunum est oppidum magnae auctoritatis	*Noviodunum ist eine Stadt von großem Einfluß*

genus *nominis*: Geschlecht des Nomens, *masculinum, femininum, neutrum*
genus verbi: Ausdrucksart des Verbs im Aktiv, Medium, Passiv:

47.	Principes ad viam laudis excitant.	*Führende Männer spornen an für den Weg zum Ruhm.*
48.	Viri ad viam laudis excitantur	*Männer lassen sich anspornen zu dem Weg zum Ruhm.* *... werden zu diesem Weg angeregt.*

Lateinische Passivformen enthalten Aussagen über Verhalten und Zustand und zugleich über Vorgang und Geschehen.
genusindifferent sind die Nominalformen des Verbs; da wir diese im Deutschen nicht in gleicher Häufigkeit gebrauchen, formen wir sie um in Personalformen der drei Genera oder in ein Substantiv:

49.	Sugambri fuga comparata hortantibus Tenctheris finibus suis excesserunt	*Die Sugambrer zogen sich auf Grund vorbereiteter Flucht auf Drängen der Tenktherer aus ihrem Land zurück / hatten vorbereitet, weil ... drängten, und ...*

Geschehen wird geschildert in Passivformen und Vorgangsverben.
Gliedsatz ist ein Satz, der ein Satzglied vertritt oder zum Hauptsatz eine Ergänzung ausdrückt.
Handlungsverben drücken eine Tätigkeit oder eine Handlung aus.
Hauptsatz: Bezeichnung für eine selbständige Sinneinheit.
Hendiadyoin: Stilmittel zur Hervorhebung, ein Begriff wird durch zwei synonyme/sinnverwandte Worte ausgedrückt:

50.	consensus et concordia civium	*Eintracht und Einmütigkeit der Bürger*
51.	petit atque hortatur	*er bittet (ihn) dringend*

Hilfs- oder Modalverben helfen Zeitformen zu bilden und Sinnabstufungen auszudrücken; *esse* bildet mit dem Partizip Perfekt Passivformen; alleinstehend ist es vollgültiges Prädikat:

52.	In Gallia factiones sunt	*In Gallien bestehen Parteien.*
53.	... se liberae esse civitatis	*... er sei (ein Mann) eines freien Stammes*

Imperativ: Befehlsform des Verbs
Imperfekt: Ausdrucksform des Verbs für die unvollendete, noch andauernde Handlung oder den fortbestehenden Zustand:

54.	Germani auxilio veniebant	*Die Germanen waren auf dem Wege zur Hilfeleistung*
55.	consilium Caesaris non probabatur	*Cäsars Plan fand keine Billigung / leuchtete nicht ein*

Indefinitpronomen: dem deutschen unbestimmten Artikel vergleichbares unbestimmtes Pronomen:

56.	in tumulo quodam	*auf einer Höhe*
57.	erit aliquid loci	*etwas an Raum / eine Stelle wird vorhanden sein*

Indikativ: Ausdrucksweise des Verbs zur Darstellung von Tatsachen (vgl. Modus).
indirekte Frage ist erkennbar am Fragepronomen und dem Konjunktiv des Verbs: (vgl. 41)

58.	*cur sui quicquam esse imperii postularet?*	*Warum fordere er für sich eine Befehlsgewalt?*

indirekte Rede ist im Deutschen am Konjunktiv des Verbs erkennbar; im Lateinischen erscheinen Tatsachen in indirekter Darstellung im *a.c.i.* bzw *a.c.p.*, darauf bezogene Gliedsätze im Konjunktiv:

59.	Ambiorix respondit: si velit secum conloqui, licere.	*Ambiorix antwortete: wenn er mit ihm verhandeln wolle, stehe ihm dies frei.*

Infinitiv: Grundform des Verbs, in der eine Person nicht ausgedrückt ist. Im Lateinischen hat der Infinitiv gelegentlich die Rolle eines Prädikats:

60.	Aquitani legatos dimittere	*Die Aquitanier entsandten Beauftragte*

Irrealis: Erwägung von Bedingungen, die der Wirklichkeit nicht entsprechen:

61.	Pleraque non haberemus, nisi hominum manus et ars accessisset.	*Sehr vieles hätten wir nicht, wenn nicht Handfertigkeit und Geschick der Menschen daran gegangen wäre.*

Kasus – Fall: Deklinationsform des Nomens; die durch die Kasusformen ausgedrückten Beziehungen stellen wir in größerem Umfang durch Präpositionen dar.
Kausalsatz: Gliedsatz zum Ausdruck eines Grundes, eingeleitet durch *da, weil.*
Klangwirkung: römische Autoren beobachteten bei ihren Darstellungen besonders stark die klangliche Wirkung, da die Verbreitung ihrer Werke durch mündlichen

Vortrag erfolgte. Der Sinn erschließt sich leichter dem Leser, der das bei Umklammerungen und periodischer Gliederung eintretende An- und Abschwellen des Sprechtons beachtet:

62. tantum civitati Haeduae dignitatis tribuebat. — *Soviel Wertschätzung brachte er dem Häduerstamm entgegen.*

Klimax: Ansteigen der Spannung zu einem stilistischen Höhepunkt

kollektiver Singular: manche lateinischen Pluralformen geben wir mit singularischen Begriffen wieder, besonders Neutra im Plural:

63. Tenctheri agris expulsi sunt. — *Die Tenktherer wurden von ihren Feldern / aus ihrem Lande vertrieben.*

64. sua omnia — *alles Ihre / ihre ganze Habe*

Komparation: Bildung der Vergleichs- oder Steigerungsformen des Komparativs und Superlativs. Gelegentlich dienen diese Formen der besonderen Hervorhebung; diesen Gebrauch bezeichnet man als *Elativ*:

65. Creta vobis notior est quam Roma Cydae. — *Kreta ist euch besser bekannt als Rom einem Cydas.*

66. Gallorum fortissimi sunt Belgae. — *Unter den Galliern sind die tapfersten die Belger.*

67. Maiores vestri potentissimos reges deviceerunt. — *Eure Vorfahren haben mächtigste / äußerst mächtige Könige bezwungen.*

68. quid esse potest aut iucundius aut magis proprium humanitatis quam sermo facetus? — *Was kann erfreulicher sein oder für Menschenbildung charakteristischer als ein geistreiches Gespräch?*

Kompositum: zusammengesetztes Wort: *vocare – convocare*

Konditionalsatz: Bedingungssatz

Kongruenz: Übereinstimmung der Nomina untereinander in Kasus, Numerus, Genus und im Numerus mit dem Prädikat.

Konjugation: Formenbildung des Verbs

Konjunktion: Bindewort, es dient zur Verbindung von Satzgliedern und Sätzen.

Konjunktiv: Ausdrucksweise des Verbs für Gedankenverbindungen seitens des Autors oder der dargestellten Personen zum Unterschied vom Indikativ; in diesem werden Tatsachen geschildert, die bestehen oder die der Autor als solche wirken lassen will: vgl. Modus

Konsekutivsatz: Folgesatz, eingeleitet durch (*so*) *daß*

Konsonant: Mitlaut (er lautet mit einem Vokal: *a, e, i, o, u*)

Konzessivsatz: Gliedsatz zum Ausdruck eines Zugeständnisses (Konzession), eingeleitet durch (*obgleich, obwohl, wenn auch*).

Koordination: Nebenordnung gleichwertiger Sätze

Kurzformen: in manchen Personalformen des Verbs erscheinen Verkürzungen: *pugnārunt, pugnāvēre, pugnāssent.*

Litotes: höfliche Schlichtheit des Ausdrucks oder Untertreibung:

69. non nihil — *nicht in keiner Weise: nicht unerheblich*

70. non ignarus — *nicht unerfahren*

Lokativ: Kasus zum Ausdruck von Ortsangaben:

71. Romae senatus decreverat — *In Rom hatte der Senat entschieden*

72. Marius Arpini natus est — *Marius wurde in Arpinum geboren*

Maskulinum (*genus*): Männliches Geschlecht des Nomens

Medium: *genus verbi* neben Aktiv und Passiv

Mengenangaben erscheinen im Lateinischen im Genitiv:

73. satis praesidii relinquunt — *sie lassen genügend Schutz zurück*

Modalverben dienen zum Ausdruck von Sinnabstufungen (*wollen, sollen, versuchen*).

Modus: Ausdrucksweise des Verbs, Indikativ und Konjunktiv:

Verbindung von Tatsachen:

74. Cum Caesar in Galliam venit, principes erant Haedui. — *Als Cäsar nach Gallien kam, waren die Häduer führend.*

75. Germani, ut supra demonstravimus, agri culturae non student. — *Die Germanen kümmern sich, wie wir oben dargelegt haben, nicht um Ackerbau.*

Gedankenverbindungen (Einführung in neuen Zusammenhang):

76. Cum dies complures transissent, certior factus est . . . — *Als mehrere Tage vergangen waren, wurde er (davon) unterrichtet . . .*

(*Absicht*)

77. Exercitum traducere constituerat, ut Ubios obsidione liberaret. — *Er hatte sich entschlossen, das Heer hinüberzuführen, (damit er . . . befreite) um die Ubier von der Bedrohung zu befreien.*

(*Aufforderung mit indirekter Rede*)

78. Caesar Labieno mandat, Remos reliquosque Belgas adeat. — *Cäsar trug dem Labienus auf, (er solle) die Remer und die anderen Belger zu besuchen.*

(*Folge*)

79. tantam opinionem timoris praebuit, ut hostes accedere auderent. — *Er erweckte so sehr den Eindruck von Angst, daß die Feinde heranzukommen wagten.*

(*Möglichkeit*)

80. ornetur eximia laude Africanus! — *Mag Afrikanus mit außerordentlicher Ehrung bedacht werden.*

(*Wunsch*)

81. Di omen avertant! — *Mögen die Götter das Unheil abwenden!*

82. ne Diviciaci animum offenderet, verebatur. — *(Daß er nicht) Das Empfinden des Diviciacus nicht zu beleidigen, darauf war er bedacht.*

-nd-Form: Nominalform des Verbs (vgl. 49), Deklinationsform des Infinitivs:

83. plerisque libere decernendi potestas eripitur. — *Den meisten wird die Möglichkeit, frei zu entscheiden, genommen.*

84. praesidium pontis tuendi causa ponit. — *Er postiert eine Wache (der zu schützenden Brücke wegen), um ... zu schützen.*

85. Caesar statuit sibi esse Rhenum transeundum. — *Cäsar stellte fest, es sei (für ihn) seine Aufgabe, den Rhein zu überschreiten.*

Neutrum: drittes Geschlecht des Nomen, weder *masculinum* noch *femininum*
Nominativ: Kasus, in dem Nomina genannt werden (1. Fall)
n. c. i./p.: *nominativus cum infinitivo/participio*: diese Verbindung mit einem passiven Hauptverb ist dem *a. c. i./p.* vergleichbar:

86. duces scientiam habere existimabantur. — *Die Anführer wurden eingeschätzt, Kenntnis zu haben / schienen ... zu haben.*

87. urbis hic situs esse dicitur. — *(Von der Stadt wird diese Lage vorzuliegen geschildert:) Die Lage soll folgende sein.*

88. superiora loca multitudine armatorum completa conspiciciebantur. — *Die erhöhten Punkte wurden mit einer Fülle von Bewaffneten angefüllt beobachtet / man sah, daß die Höhen von ... bewacht waren.*

Infinitiv und Partizip werden wie beim *a. c. i./p.* zu einer deutschen Personalform oder einem Substantiv (mit Präposition) umgeformt.
Numerus: Gliederung nach Singular und Plural (Einzahl/Mehrzahl).
Objekt (*obiectus – entgegengeworfen/begegnend*): das Satzglied, auf das sich die Verbalhandlung richtet oder der sie sich zuwendet (Akkusativ bzw. Dativ).
Optativ: (in Resten erhaltene) Wunschform des Verbs

89. mihi omnes deos propitios velim. — *Ich wünschte mir alle Götter gnädig.*

Ortsangaben erscheinen im Lateinischen im Ablativ mit oder ohne Präposition.
Partizip (*participium – teilnehmend* an der Bildung der Deklinations- und Konjugationsformen): Diese Nominalformen werden gebildet vom Präsens- und vom Perfektstamm; sie sind zum Unterschied von den Personalformen genusindifferent und haben meist die Rolle eines Verbaladjektivs, aber als Nomina auch die eines Substantivs (z. B. 88 *armatorum*); bei der Wiedergabe bilden wir oft aus den Nominalformen eine Personalform oder ein Substantiv mit Präposition (vgl. 49):

90. Legatis pacem petentibus liberaliter respondit. — *Den um Frieden bittenden Beauftragten antwortete er freundlich.*

91. Vicus positus in valle montibus undique continetur. — *Das in einem Tal gelegene Dorf wird ist rings von Bergen umgeben.*

92. Britanni obsides sese daturos dixerunt. — *Die Britannier erklärten sich bereit, Geiseln zu stellen.*

Passiv: Ausdrucksart des Verbs für Geschehen und Vorgang.
Perfekt: Zeitform des Verbs zum Ausdruck einer vollendeten, einmaligen oder neu eintretenden Handlung. Im Deutschen werden vollendete und unvollendete Handlungen im Bericht nicht so wie im Lateinischen durch den Gebrauch von Perfekt und Imperfekt unterschieden, wir übersetzen beide Tempora meist durch das Präteritum.

93. Germani, qui auxilio veniebant, sese domum contulerunt. — *Die Germanen, die zu Hilfe kamen / kommen wollten, zogen sich nach Hause zurück.*

Periode: wie bei Satzgliedern durch das Mittel der Umklammerung erzielen die antiken Autoren durch periodische Gliederung im Satzbau eine für die antiken Sprachen eigentümliche rhetorische Wirkung:

94. *Caesar Labieno mandat,*
Germanos, qui auxilio arcessiti dicebantur,
si flumen transire conentur, prohibeat.

Cäsar trägt dem Labienus auf, er solle die Germanen, die, wie gemeldet wurde[1]*, zu Hilfe gerufen waren, falls sie den Fluß zu überschreiten versuchten, behindern.*

Person: 1. die des Sprechers, 2. die des Angesprochenen, 3. die der besprochenen Person oder Sache; sie werden unterschieden durch besondere Personalendungen des Verbs.

Personalform des Verbs: sie ist im deutschen Hauptsatz an die zweite, im Gliedsatz an die letzte Stelle gebunden.

Plural: Form der Mehrzahl bei Nomen und Verbum

Plusquamperfekt: Zeitform zum Ausdruck einer in der Vergangenheit abgeschlossenen Handlung (vgl. 15.71). Römische Autoren verwenden dies Tempus auch, um das Zeitverhältnis abzugrenzen (vgl. 76).

Possessivpronomen: besitzanzeigendes Fürwort (*suus – sein/ihr eigener*)

Potentialis: Bedingungssatz, mit dem eine Möglichkeit erwogen wird (vgl. 59.94).

Prädikat: Aussagekern des Satzes, meist die Personalform des Verbs; sie enthält zum Unterschied vom deutschen Prädikat zugleich Personalendung, Tempus-, Modus- und Genuskennzeichen.

Prädikativum: ein nominales Satzglied, das den Sinn des Prädikates näher ergänzt; es wird im Deutschen oft mit *als* angeknüpft:

95. Lucullus victor revertit. — *Lucullus kehrte als Sieger heim.*

96. obsides principum filios acceperant. — *Als Geiseln hatten sie Fürstensöhne bekommen.*

Präfix: wortbildende Vorsilbe

Präposition: (meist *vorangesetztes*) Verhältniswort, das den Kasus des Nomens, vor oder nach dem es steht, unterstützt:

97. magna **cum** hominum multitudine — *mit einer großen Menschenmenge*

98. Dumnorigem se**cum** ducere decreverat. — *Den Dumnorix hatte er sich entschlossen bei sich zu behalten.*

Lateinische im Genitiv und Dativ ausgedrückte Beziehungen geben wir oft mit Hilfe von Präpositionen wieder.

Präsens: Zeitform zur Schilderung der den Autor umgebenden Gegenwart, zum Ausdruck allgemeingültiger Feststellungen oder auch zur Verlebendigung eines Berichtes über vergangenes Geschehen.

99. Germani agri culturae non student. — *Die Germanen kümmern sich nicht um den Ackerbau.*

[1] n.c.i. im Relativsatz

100. exprimere dicendo sensa possumus. — *Wir können unsere Gefühle durch unsere Sprache ausdrücken.*

101. Cäsar Labieno mandat. — *Cäsar trägt / trug dem Labienus auf.*

Präperitum – Vergangenheit: die deutsche Verbform für den Bericht
Pronomen – Fürwort
Reduplikation: Verdoppelung des anlautenden Konsonanten in der Formenbildung: *dare – dedit*; *pellere – pepulit*
Reflexivpronomen: Pronomen, das auf das Subjekt oder das den Satzsinn bestimmende Nomen bezogen ist:

102. Ubii orabant, ut sibi auxilium ferret. — *Die Ubier baten darum, er möge ihnen Hilfe bringen.*

103. suos ab se abstractos liberos dolebant. — *Sie trauerten über ihre ihnen entführten Kinder.*

Relativpronomen: es bezieht sich auf ein vorhergehendes oder folgendes Satzglied.
Relativsatz: Gliedsatz, der durch ein Relativpronomen eingeleitet wird; er hat die Rolle eines Attributes oder eines selbständigen Satzgliedes (Subjekt, Objekt). Der lateinische Relativsatz ist nicht wie der deutsche relativische Gliedsatz an eine Stellungsregel gebunden und enthält oft weiterführende Informationen. Diese drücken wir im Hauptsatz aus:

104. Vercingetorix, cuius pater principatum obtinuerat, incendit. — *Vercingetorix, dessen Vater eine führende Stellung gehabt hatte, rief Begeisterung hervor.*

105. principes sunt, qui auctoritatem habent. — *Führend sind (diejenigen), die Macht besitzen.*

106. quod gladiatores nobiles faciunt, faciamus nos! — *Was angesehene Gladiatoren tun, (das) wollen (auch) wir tun!*

107. Caesar obsides imperavit. Quorum illi partem statim dederunt. — *Cäsar verlangte Geiseln. Einen Teil von diesen stellten sie sofort.*

Konjunktive im Relativsatz sind Ausdruck für Gedankenverbindungen:

108. Caesar nuntios misit, qui postularent. — *Cäsar schickte Unterhändler, die fordern sollten.*

Richtungsangaben sind erkennbar am Akkusativ mit oder ohne Präposition.
Satzgefüge: Verbindung von Haupt- und Gliedsatz
Satzglied: Subjekt, Objekt, Prädikat, Umstandsergänzung
Schrift: (vgl. Aussprache) Die Römer gebrauchten nur große Buchstaben.
Simplex: Grundwort, von dem Zusammensetzungen (*Komposita*) gebildet werden.
Singular: Form der Einzahl bei Nomen und Verbum
Sinnabschnitt: Teil eines Kapitels
Sinneinheit: ein Satz
Sinngruppe: in einem Atemzug gesprochene Wortgruppe (*Kolon*)
Stamm: Wortelement ohne Deklinations- und Konjugationsmerkmal
Subjekt (*subiectus – daruntergeworfen/zugrundeliegend*): die Person oder Sache, die Gegenstand der Aussage ist.
Subordination – *Unterordnung*: ein Gliedsatz wird dem Hauptsatz untergeordnet.
Substantiv: Hauptwort, durch Großschreibung erkennbar. Im Lateinischen können

die Nomina, *nomen substantivum, nomen adiectivum,* Pronomen und Nominalform zueinander als Apposition, Attribut oder Prädikativum in Beziehung treten. Die Beziehung wird an der Deklinationsform kenntlich.

Suffix: wortbildende Nachsilbe

Superlativ: oberste Vergleichs- oder Steigerungsstufe (s. Komparation)

Supinum: vom Partizip Perfekt gebildetes Verbalsubstantiv.

09.	Titurius interpretem mittit rogat**um**	*Titurius entsandte seinen Dolmetscher (zum Fragen), um zu fragen.*
10.	id est iucundum audit**u**	*das ist erfreulich zu hören*

Synonym – sinnverwandtes Wort

Syntax – Satzbau (vgl. 13 H_3)

Tempus – Zeitform des Verbs (Präsens, Perfekt, Futur)

transitives *Verb – Verbum,* das mit Akkusativobjekt verbunden werden kann.

Umklammerung: Die Vielfalt der Flexionsmerkmale gestattet es dem antiken Autor, zusammengehörige Sinngruppen durch Worte mit gleichen Kennzeichen zu umklammern; er bewirkt dadurch eine Geschlossenheit des Sinnes und erzielt zugleich eine gewisse Spannung:

11.	misso ad vesperum senatu	*mit gegen Abend entlassenem Senat: am Abend nach der Senatssitzung*
12.	iucundiorem autem faciet libertatem servitutis recordatio	*erfreulicher aber wird die Freiheit machen der Gedanke an die Knechtschaft.*

Umstandsergänzung: Sinnergänzung nach Ort, Zeit, Art und Weise

unflektiert bleibt das deutsche Adjektiv als Teil der Aussage

unpersönliches Verb: von ihm werden die Formen der 1. und 2. Person nicht gebildet (*es regnet*).

Verb: Zeit- oder Tätigkeitswort

Vergleichsformen: vgl. Komparation

Vokativ: Anredeform bei Wörtern der o-Deklination (*Romul*e!)

Vorgangsverben schildern ein Geschehen ohne die Form des Passivs: *accidere – sich ereignen, evenire – erfolgen* (vgl. *genus verbi*)

Vorzeitigkeit: mit den Formen des Plusquamperfekts und des Futur II unterstreichen antike Autoren gelegentlich das Zeitverhältnis.

Wortstellung: im Deutschen ist die Stellung der Personalform gebunden. Römische Autoren beabsichtigen durch die Wortstellung vor allem klangliche Wirkung (vgl. Umklammerung, Periode)

Zeitangabe: Umstandsergänzung zur Angabe der Zeit; vgl. Ablativ

Zugehörigkeit: vgl. Genitiv

Zustandspassiv und Vorgangspassiv werden im Deutschen durch die Hilfsverben *sein / werden* unterschieden (vgl. 91):

13.	civitates divisae sunt in duas partes.	*Die Stämme sind gespalten in zwei Parteien.*
14.	Tenctheri expulsi sunt	*Die Tenktherer sind vertrieben worden.*

Zweckangaben erscheinen im Lateinischen im Dativ.

Textnachweis für die grammatischen Beispiele

01	3_{2}	39	47_{1}	77	14_{10}
02	14_{10}	40	35_{18}	78	22_{2}
03	13_{1}	41	28_{9}	79	25_{11}
04	4_{6}	42	21_{12}	80	50_{10}
05	4_{5}	43	49_{3}	81	21_{3}
06	4_{6}	44	8_{1}	82	19_{3}
07	17_{4}	45	5_{3}	83	16_{1}
08	28_{1}	46	24_{6}	84	16_{2}
09	21_{14}	47	5_{3}	85	23_{1}
10	14_{10}	48	5_{3}	86	10_{7}
11	6_{1}	49	12_{6}	87	20_{5}
12	11_{2}	50	35_{13}	88	17_{6}
13	10_{1}	51	19_{8}	89	40_{19}
14	10_{11}	52	7_{1}	90	12_{4}
15	23_{20}	53	30_{15}	91	9_{7}
16	28_{3}	54	34_{17}	92	31_{11}
17	32_{17}	55	37_{7}	93	34_{17}
18	28_{6}	56	4_{7}	94	22_{4}
19	10_{14}	57	50_{16}	95	43_{17}
20	12_{4}	58	23_{10}	96	7_{16}
21	20_{2}	59	38_{3}	97	10_{5}
22	22_{1}	60	10_{1}	98	29_{3}
23	7_{14}	61	45_{1}	99	15_{3}
24	30_{4}	62	30_{1}	100	39_{18}
25	7_{16}	63	3_{2}	101	22_{2}
26	35_{13}	64	12_{7}	102	23_{12}
27	21_{1}	65	36_{14}	103	16_{10}
28	6_{1}	66	1_{5}	104	6_{1}
29	42_{8}	67	35_{10}	105	7_{3}
30	8_{3}	68	39_{16}	106	21_{3}
31	4_{1}	69	25_{11}	107	31_{9}
32	22_{2}	70	58_{11}	108	23_{7}
33	1_{1}	71	51_{1}	109	38_{2}
34	5_{4}	72	51_{8}	110	39_{10}
35	11_{7}	73	10_{13}	111	11_{1}
36	41_{15}	74	7_{6}	112	21_{16}
37	10_{13}	75	15_{2}	113	7_{8}
38	1_{7}	76	16_{1}	114	3_{2}